경험으로서의 예술

ART AS EXPERIENCE

경험으로서의 예술
ART AS EXPERIENCE

존 듀이 지음
·
이재언 옮김

책세상

일러두기

1. 이 책은 존 듀이John Dewey의 《경험으로서의 예술*Art as Experience*》(1934) 중 제 1, 2, 3장을 옮긴 것이다.
2. 주는 모두 후주로 처리했으며, 듀이의 글에서 저자의 주는 '(저자주)'로, 옮긴이의 주는 '(옮긴이주)'로 표시했다.
3. 이탤릭체로 강조한 말은 원문에 따른 것이다.
4. 옮긴이가 이해를 돕기 위해 보충한 내용은 〔 〕안에 넣었다.
5. A. E.는 저자의 원서, *Art as Experience*를 뜻한다.
6. 주요 인명과 책명은 처음 한 번에 한해 원어를 병기했다.
7. 맞춤법과 외래어 표기는 현행 규정과 《표준국어대사전》(국립국어원)을 따랐다.

경험으로서의 예술 | 차례

"아직도 듀이에 대해 쓰는 사람이 있나?" 몇 년 전 어느 사석에서 만난 철학 교수가 면전에서 중얼거리듯 던진 말이다. 물론 농담처럼 한 말이었겠지만, 그 후 지금까지 존 듀이 John Dewey의 텍스트를 읽을 때면 종종 그 말이 귓가에 맴돌곤 한다. 그 말이 뜻하는 바를 정확히 알 수는 없다. 그저 한물갔다는 얘기이거나 아니면 무슨 영양가가 있겠느냐는 충고이겠거니 하고 지나쳤지만, 이후 두고두고 "나는 왜 듀이를 연구하는가?" 하는 물음을 스스로에게 던지게 되었다. 지금 생각해보면 우리나라에서 존 듀이를 모르는 사람은 별로 없지만, 또 그를 제대로 이해하고 있는 사람도 별로 없는 것 같다. 모든 학자가 그렇지만, 듀이야말로 어떤 한 분야에 한정시켜 접근해서는 전모를 알 수 없는 체계의 소유자라는 생각이 든다. 물론 나도 그의 한 면이나마 제대로 파악하고 있는지 아직 의심스럽다.

지난 1980년대 말부터 우리 현실에서 포스트모더니즘에 대한 관심이 고조되기 시작했다. 당시 포스트모더니즘은 문화 예술 전반에 걸쳐 많은 논란을 불러일으켰지만 젊은 학도들에게서는 상당한 지적 호기심을 촉발했고, 많은 관련 담론들과 텍스트들이 국내에 소개되었다. 나 역시 포스트모더니즘 텍스트들을 탐독했다. 그러던 중 리처드 로티Richard Rorty의 텍스트를 접할 수 있었으며, 로티가 듀이와 밀접한 관계에 있음을 알게 되었다. 게다가 미국의 지적 상황이 프래그머티즘으로 복귀하고 있음을 알게 되면서 점차 듀이에게 관심을 갖게 되었다. 그러나 그때까지만 해도 듀이에 대한 관심은 오늘날 미국 내에서 일고 있는 반정주의anti-fundamentalism에 대한 흐름의 개괄 수준에 머물렀을 뿐이다. 많은 미국의 현대철학 이론들 가운데 긍정적인 측면에서든 혹은 부정적인 측면에서든 듀이를 참고하지 않은 이론이 별로 없다. 그만큼 듀이는 현대 미국의 민주주의 발전과 사회 진보, 통합에 없어서는 안 될 존재이다.

철학이나 미학 모두가 이론적으로 심화될 때 발생하는 문제는 현실 또는 생활의 문제에서 철학이나 미학이 멀어진다는 것이다. 듀이에게는 이러한 현실과 이론의 간극을 좁히는 것이 매우 중요한 과제였다. 듀이가 평생 역점을 둔 철학적 핵심이 바로 이분법적 세계관의 극복이었다. 바로 이 점이 듀이가 존경받는 철학자이면서도 다른 한편에서 경멸의 대상이 되기도 하는 이유이다. 하지만 그의 도구주의는 목적과 수단, 정신과 물질, 이론과 실천, 순수 예술과 실용 예술 등의 유기적 통합이라는 명제에 상당한 관심을 가지고 있었다. 나는 석사 과정 때부터 순수 예술과 실용 예술의 구분에 회의를 갖고서 그러한 문제들에 관한 글을 많이 써왔었다. 그래서 1990년대 중반부터 듀이의 《경험으로서의 예술*Art as Experience*》을 조금씩 읽기 시작했다. 예상보다 난해했지만, 거기에 담긴 문장들마다 내가 글을 쓰면서 답답하게 여겼던 문제들을 시원하게 해소해주었다. 무엇보다 이 책은 오늘날 우리의 문화예술이 처한 불균형과 혼란이 어디서 비롯되었는지를 상당히 설득력 있게 기술하고 있으며, 가장 신뢰할 만한 처방을 제시하고 있다는 점에서 가치가 있다.

1980년대부터 분석 철학은 더 이상 예전의 기세등등한 모습이 아니었다. 대륙의 다원주의 담론들이 등장하고, 분석 철학계 내부의 복잡다단한 양상들이 급기야 자학적인 분열 증세를 드러내면서 분석 철학은 퇴조하는 모습을 보이기 시작했다. 전후 분석 철학이 융성하면서부터 프래그머티즘 철학, 특히 그 미학은 거의 종적을 감추다시피 했다. 분석 철학과 프래그머티즘은 20세기 영미 미학의 두 줄기이면서도 서로 상당히 대립적인 성격을 띠고 있다. 그리하여 분석 미학이 번영하는 동안 프래그머티즘은 종적을 감추었다.

그러나 지난 세기말 변화의 조짐이 일기 시작했다. 무엇보다 영미 미학의 분석주의가 가진 헤게모니가 대륙적 영감을 받은 이론들, 즉 해석학, 후기 구조주의, 마르크시즘 등의 영향을 받은 이론들로부터 심대한 도전을 받기 시작한 것이다. 전통적 분석 철학과는 대조적이면서도 프래그머티즘과는 우호적인 관계에 있는 대륙 이론들은 정초주의적 구별과 비역사적인 실증적 본질들에 반대했으며, 대신 변화 가능성, 문맥성, 그리고 사고와 대상들의 사회-역사적인 실천적 구성 등을 강조함으로써 분석의 아성을 잠식해나갔다. 분석 철학의 대표적 철학자들인 콰인W. V. O. Quine, 굿맨Nelson Goodman, 데이비드슨Donald Davidson 등의 후기 저작도 대륙적 논제나 입장들에 가까워지고 있다는 점에서 분석 철학의 퇴조 현상은 피할 수 없는 것으로 보였다.

분석주의의 단호한 자기 비판과 대륙 이론의 다양한 활약에 의해 프래그머티즘은 일종의 미국 철학의 르네상스를 경험하고 있다. 물론 아직 새로운 프래그머티즘이 새로운 미학 안에서 정체를 명료하게 드러내고 있지는 않지만 말이다. 로티는 프래그머티즘을 새롭게 표방하고 나섰지만, 분석 철학을 전면적으로 배제한 상태에서 그런 것은 아니었다. 어떤 면에서는 분석 철학과 대륙의 담론들을 결합하고 절충한 흔적들을 많이 보이고 있다. 어찌 보면 그러한 광범위한 프래그머티즘만이 새로운 시대의 정신을 수용할 수 있는 것인지도 모른다. 따라서 프래그머티즘의 가능성이 바로 이 점에서 출발하고 있다고 해도 과언이 아닐 것이다.

분석의 현실적 감각과 경험적 정신, 대륙 이론의 통찰력과 폭넓은 관심을 결합한다면 상당한 성과를 예상할 수 있다. 프래그머티즘의 가능성이 바로 여기에 있다. 분석적 전통과 대륙적 전통 간의 더욱 유망한 중도中道와 중재자로서의 프래그머티즘. 바로 이 점이 프래그머티즘이 미국에서 각광 받는 이유일 것이며, 또한 현대 철학의 쟁점들 속에서 요구되는 어떤 변증법적 대안이 될 수 있을 것이다. 그동안 분석 철학의 위세에 위축되어 있었던 프래그머티즘이 새로운 모습으로 새로운 가능성을 제시하며 다시 등장하고 있는 것은 학계의 엄연한 현실이다. 물론 로티의 네오프래그머티즘이 자국 문화 중심의 논리라는 점에서 비판을 받고 있긴 하지만, 엄정하게 프래그머티즘의 본질로 돌아가 새롭게 우리의 현실을 본다면 우리는 우리가 안고 있는 전환기적 담론들에 대한 불안한 수용의 현실에서 좀 더 주체적이고 능동적인 방향을 설정할 수도 있을 것이다.

알려진 바대로 미학은, 프래그머티즘의 가장 영향력 있고 대표적인 20세기 인물인 존 듀이의 가장 주된 관심사였다. 프래그머티즘 철학의 정점이자 완성이 바로 미학이다. 그러나 무어, 러셀, 비트겐슈타인 등의 대표적 분석 철학자들은 미학에 철학적 비중을 두지 않았다. 이들이 미의 영역에 접근하지 않는 것을 금과옥조로 여겼던 것은, 미를 배척해서라기보다는 미의 영역 자체가 자신들의 철학에 유익하지 않아서였다. 러셀의 경우는 미적인 문제에 대해 아무런 언급이 없었던 것으로 알려져 있고, 무어나 비트겐슈타인 역시 그것의 중요성은 인식했으나 세부에서 한계를 드러내곤 했다.

리처드 슈스터만Richard Shusterman은《프래그머티즘 미학 *Pragmatist Aesthetics*》에서 프래그머티즘 미학은 존 듀이에서 시작하여 듀이에서 끝난다고 말한다. 오늘날 프래그머티즘, 혹은 프래그머티즘 철학자들 상당수가 듀이 독해에 몰두하고 있는 것을 보면 틀린 말도 아닌 것 같다. 대철학자 듀이는 미학을 철학의 중심으로 간주하고 예술에 대한 광범위한 저술을 남겼다는 점에서 프래그머티즘 미학의 성립을 가능하게 하고 있다. 그야말로 프래그머티즘 선구자들 가운데 미학을 집대성한 유일한 사람이다. 그러나 그의 미학 이론의 철학적 영향력은 그리 오래 지속되지 못했다. 프래그머티즘 미학은 분석 미학에 의해 일찍이 붕괴되고 거부되었으며, 아직 제대로 회복되지 않고 있다.

아주 많은 듀이 미학 추종자들이 그의 미학이 온전히 회복되고 재해석되어야 한다고 역설하고 있다. 오늘날 듀이가 육체적 경험somatic experience을 강조할 정도로 혁신적이라는 점에서 주류 미학자들이 듀이의 미학을 미심쩍어했다 하더라도 듀이는 다시 해석될 필요가 있다. 그의 미학이 다시 읽혀야하는 것은, 무엇보다《경험으로서의 예술》이 예술에 대한 전망을 담고 있을 뿐 아니라, 특정 이념이나 양식이 필요 이상으로 동시대의 예술을 정의하고 있는 예술 상황을, 특히 왜곡되고 모순에 처한 현대 예술의 배경과 원인을 날카롭게 분석하고 있기 때문이다. 듀이는 특정의 이념이나 양식의 폐해를 지적하기보다는 특정의 것이 예술의 본질을 왜곡하게 된 역사적, 사회적 배경과 원인을 지적함으로써 오늘의 예술 현장에서 역할을 맡고 있는 작가나 비평가, 이론가, 애호가 등의 모든 관련자들이 놓치기 쉬운 본질적인 문제들을 환기하고 지적한다.

프래그머티즘 미학은 하나의 패러독스를 안고 있다. 미학은 본래 전통적으로 무無목적적이고 무관심적이라고 정의되는데 프래그머티즘은 실천적인 사상을 포함하고 있기 때문이다. 프래그머티즘 철학은 철학의 역할을 재고하고 반성하며, 그것의 개념들을 검토하고 수정하여 인류에게 성실히 봉사하는 것을 목표로 한다. 따라서 프래그머티즘 미학 이론 역시 오늘의 예술을 이해하는 것뿐 아니라, 예술의 역할과 이해를 고양시키고 신장시키는 것을 목적으로 한다. 그 궁극적 목표는 미적 지식이 아니라 예술에서든 일상 생활에서든 대중 예술에서든 더욱 온전하고 진취적인 경험을 획득하는 것이다. 오늘날 미적 경험, 해석, 예술의 정의 등의 고전적 주제들뿐만 아니라, 구체적인 예술 작품이 우리에게 기여할 수 있는 바가 무엇인지에 대해서까지 다루는 것이야말로 프래그머티즘 미학의 근본이다.

듀이의 《경험으로서의 예술》은 미래의 미학 이론에 대한 유망한 원천이다. 무엇보다 철학의 완성이자 정점으로서의 미학 이론이라 불릴 수 있을 만큼 완성도가 돋보이는 저작이다. 우리는 칸트나 헤겔의 위대함을 말할 때 방대한 철학 체계와 완성도에 근거를 두고 있다. 듀이를 그들에 비견될 만한 존재로 내세운다면 어떤 사람들은 심한 거부감을 가질지 모른다. 하지만 듀이가 미학을 그 정점으로 하고 있다는 점은 진정한 위대함으로 강조해도 부족함이 없는 부분일 것이다. 듀이가 많은 곳에서 지적하고 있듯이 그는 예술을 인간에게 없어서 안 되는 것으로 간주한다. 예술은 질적으로 세계와 가장 직접적으로 대면하는 데서 발생하는 것으로 경험의 직접성과 완성이라는 측면을 지니고 있다. 또한 예술은 본능적 욕구와 정서, 상상력 외에도 다양한 지성이 균형적으로 결합되고 발전할 수 있는 가능성과 본질을 갖고 있다. 따라서 이러한 예술과 관련된 미학은 언제나 인간에게 보편적이고 궁극적인 가치로서의 이해하고 해석하는 기능으로서 철학과는 또 다른, 혹은 더욱 중요성을 갖는 위치에 있다고 해야 할 것이다. 미학과 예술이 철학의 액세서리가 아니라 철학의 완성이자 정점이라는 주장은 말잔치가 아니라, 원숙한 철학자의 진지한 반성에서 우러나온 것이라 믿는다.

　듀이의 《경험으로서의 예술》은 모두 14장으로 구성되어 있다. 1~3장은 전통 철학이나 미학에 드러난 미에 관한 오류를 지적하고, 나아가 미적 경험을 굳건한 논리적 토대 위에 올려놓을 것을 천명하는 부분이다. 이어서 4장부터 10장까지는 예술에서 문제가 되는 핵심적 개념들과 체계를 매우 밀도 있게 분석한다. 11장부터는 예술과 미학이 인간에게 어떤 중요한 의미와 가치가 있는지, 철학, 과학, 문명에 어떤 기여를 할 수 있는지, 따라서 바람직한 예술의 전형은 무엇인지를 설득력 있게 논한다.

이 책에서는 1, 2, 3장만을 옮기고자 한다. 어느 한 장도 중요하지 않은 것이 없지만, 이 세 장은 듀이의 철학 전체를 통해 가장 강조되는 내용들을 다시 확인케 해줄 뿐만 아니라 그의 철학적 결말이 어떻게 정리될 것인지를 가늠케 한다. 아울러 예술에서 철학적인 문제들이 어떻게 수렴되는지를 압축하여 논증하고 있으며, 예술이 우리 인간과 생활에서 어떻게 관계를 회복해야 하는지를 드러내고 있다. 나머지 부분들은 해제에서 요약하여 다루는 것으로 대체하고자 한다. 듀이를 연구하는 데 있어 곤란한 점으로는 난해하다는 것 외에 주석이 적다는 것을 들 수 있다.《경험으로서의 예술》뿐만이 아니라 대부분의 그의 저술들이 공통적으로 주석이 취약하다. 듀이는 어쩌면 텍스트의 논리가 문제이지 그것의 출처는 오히려 방해가 된다고 믿었던 것인지도 모른다. 그래서인지 듀이의 주석자들도 이 점에 주의를 기울이지 않은 것 같다.

요컨대 이 텍스트는 그의 다른 저작들을 두루 독해하지 않

은 상태에서는 이해하기 어렵다. 특히 우리나라에서 듀이는 철학보다는 교육학을 중심으로 연구되어 있을 뿐 미학 분야에서의 듀이 연구가 부족한 실정임을 감안할 때 듀이를 바르게 이해하기 위해서는 가급적 그의 학문 전체를 조망하려는 노력이 필요하다. 마침 번스타인R. J. Bernstein의 《듀이 철학 입문John Dewey》과 젤트너P. M. Zeltner의 《듀이 미학 입문John Dewey's Aesthetic Philosophy》이 번역되어 큰 도움이 되었다. 그리고 카번데일에 있는 서던 일리노이 대학의 '듀이 연구소'가 전집과, 전 세계에 산재해 있는 듀이에 관한 저작과 논문의 목록을 두 개의 CD로 출판해 배포한 것이 자료와 정보 빈곤에 시달리는 나에게 큰 힘이 되었다. 또한 일본어판 《경험으로서의 예술經驗としての 藝術》(鈴木康司, 春秋社)이 마땅한 번역어를 찾지 못해 고민할 때 좋은 참고 자료가 되어주었다. 듀이의 철학과 미학이 이 시대에 새로운 의미와 의의를 준다는 점에서 《경험으로서의 예술》의 완역은 시급하다. 완역을 하지 못한 것을 안타깝게 여기며, 나의 번역까지도 더욱 완벽하게 수정 보완한 완역본이 속히 나오기를 진심으로 기대한다.

옮긴이 이재언

제1장

생명체

일의 진행에는 뭔가가 꼬여 있는 듯한 아집이 따르기 마련이라지만, 미학 이론을 형성하는 데 기초가 되는 예술 작품의 존재도 그중의 하나로서, 그것이 예술 이론에 하나의 난관이 되어온 것이다. 그 한 이유가 예술 작품들이 외형적으로, 그리고 물리적으로 존재하는 산물들products이라 고집하는 데 있다. 보통의 사고방식이라면 예술 작품이란 인간 경험과 유리되어 있는, 즉 외형으로만 존재하는 건물, 책, 그림이나 조각과 동일시된다. 하지만 실제의 예술 작품은 경험과 함께하며 경험 속에서 만들어지기 때문에 그 결과물을 이해하기가 쉽지 않다. 게다가 어떤 산물들이 갖는 완전성, 즉 아주 경탄할 만한 역사에서 오는 명성에 의해 전통이 만들어지는데, 이는 참신한 통찰에 방해가 되곤 한다. 어떤 예술품이 일단 고전적인 지위를 획득하면 그 작품은 왠지 모르게 그 존재의 근원인 인간적 조건으로부터, 그리고 실제 생활의 경험 안에서 생겨난, 작품이라는 인간적 결실들로부터 고립되게 된다.

예술적 대상들이 경험 안에서의 기원과 작용의 여러 조건들에서 분리될 때 어떤 장벽이 그것들을 둘러싸고, 그럼으로써 미학 이론이 다루는 일반적 의의general significance가 모호하게 된다. 예술은 격리된 영역, 즉 온갖 형태의 인간적 노력, 인고, 성취 등의 목적이나 내용과도 연관이 없는 단절된 영역으로 전이되는 것이다. 그러므로 순수 예술의 철학에 관한 저술을 맡은 사람에게 중요한 과제가 부과된다. 이 과제는, 예술 작품이라는, 경험의 세련되고 강화된 형식들과 경험을 구성하는 것으로 인식되는 일상의 사건, 행위, 고통 등과의 사이에 연속성을 회복하는 것이다. 지지 기반도 없이 떠 있는 산봉우리란 없다. 그렇다고 땅 위에 걸쳐 있는 것도 아니다. 산봉우리들은 지구의 명백한 작용 중 하나를 보여주는 땅이다. 이 사실을 다양하게 연관시켜 명료하게 하는 것이 지구 이론에 관심 있는 사람들, 즉 지리학자나 지질학자들의 임무이다. 예술을 철학적으로 탐구하는 이론가는 이와 유사한 과제를 지니고 있다.

혹시 누군가 일시적인 실험을 해보고서야 이러한 입장을 용인한다면, 놀라운 하나의 결론이 나온다는 것을 첫눈에 알아차릴 것이다. 예술 작품의 의미를 이해하기 위해서는 잠시 작품을 잊고 눈을 돌려 우리가 보통 미적인 것으로 간주하지 않는 경험의 평상적인 힘과 조건들을 살펴보지 않으면 안 된다. 우리는 어떤 우회로를 통해 예술론에 도달해야 한다. 이론이란 이해, 통찰력과 관련된 것이지 경탄, 그리고 보통 감상이라 불리는 감정 자극과 관련된 것이 아니기 때문이다. 식물에 대해 이론적으로 전혀 몰라도 그 색과 형태 그리고 감미로운 향기만으로 꽃을 즐기는 것은 가능하다. 그러나 식물의 개화를 *이해*하려면, 식물의 성장을 좌우하는 토양, 공기, 수분, 햇빛 등의 상호 작용에 관련된 것을 알아야 한다.

파르테논 신전이 위대한 예술 작품이라는 것에는 이론의 여지가 없다. 그러나 그것은 사람에게 경험이 될 때에만 미적인 지위aesthetic standing를 갖는다. 누군가 개인적인 향유의 영역을 벗어나 그 건축물을 일원으로 하는 거대한 예술의 공화국에 대한 하나의 이론을 형성하고자 한다면, 그는 성찰의 어떤 지점에서 그 건축물에서 눈을 돌려, 시민 종교와 일치하는 시민적 감정을 가진, 요란스럽고 논쟁을 즐기며 감수성이 예민한 아테네 시민들을 바라봐야 할 것이다. 즉 신전을 일종의 표현으로서, 예술 작품이 아니라 시민의 기념물로서 지었던 그들의 경험으로 말이다. 그들에게 시선을 돌리는 것은 그 건축물에 대한 욕구를 갖고 있고 그것을 통한 욕망 성취를 필요로 한 인간으로서의 그들에게 마음을 돌리는 것이지, 사회학자처럼 자기의 목적에 관련된 소재만을 찾아 나섬으로써 수행될 수 있는 검증과 같은 것은 아니다. 파르테논에서 구체화된 미적 경험을 이론화하고자 하는 사람은 그것을 자기 생활의 중심으로 도입한 사람들──그 제작자나 그것에 만족을 느끼는 사람들──과 오늘날 자기 집에서 휴식을 취하거나 거리를 활보하는 우리들 사이의 공통점을 생각하지 않으면 안 된다.

궁극적으로 정평을 얻은 형식의 미적인 것을 *이해*하기 위해서는 비근한 데서부터in the raw 시작해야 한다. 주의 깊은 사람의 이목을 끌어, 보고 듣는 사람들에게 흥미를 불러일으키고 기쁨을 주는 사건이나 광경에서 시작해야 한다는 것이다. 즉 질주하는 소방차, 땅에 거대한 구멍을 파는 굴착기, 파리처럼 절벽을 기어오르는 사람, 높은 대들보 위에 앉아 작열하는 볼트를 주거니 받거니 하는 사람들에서 시작해야 한다는 것이다. 운동 선수의 탄력 있는 우아함이 어떻게 관중의 마음을 사로잡을 수 있는지 아는 사람, 화초를 손질하는 주부의 기쁨이나 집 앞 텃밭을 돌보는 그녀 남편의 강렬한 흥미에 주목하는 사람, 불타는 장작 더미를 들쑤시면서 삼킬 듯한 화염이나 무너지는 장작 더미를 구경하는 사람의 열정을 주목하는 사람, 바로 이들이 인간 경험 속의 예술의 원천들을 학습할 것이다. 이 사람들은 이러한 행위들의 이유에 대해 질문을 받는다면 아주 합리적인 답변들을 내놓을 것이다. 불타는 장작 더미를 들쑤시는 사람은 불이 더 잘 타게 하려고 그렇게 했다고 대답할 것이다. 그러면서도 그는 자기 눈앞에서 펼쳐지는 색색의 드라마에 매혹되며, 이런저런 상상을 한다. 그는 무관심한 구경꾼으로 남아 있지 않는다. 정신과 신체의 활동에 행복하게 몰입하는 사람들에 관한 한 콜리지Samuel T. Coleridge가 시 독자들에게 한 말은 타당하다. "독자들은, 단지 혹은 주로 기계적인 호기심의 충동이나 궁극의 결말에 도달하고자 하는 부단한 욕망 때문이 아니라, 여행 그 자체의 유쾌한 활동에 이끌린다."

자기 일을 잘 수행하고 자기의 수공 작업에서 만족을 찾고 진정한 애정으로 자기의 재료와 연장들을 돌보는 데 신경을 쓰면서 자기 직업에 종사하는 총명한 기계공은 일에 예술적으로 종사하는 것이다. 그러한 탁월한 노동자와 서투르고 어설픈 노동자와의 차이점은 작업실에서 일하는 사람이나 가게에서 일하는 사람에게서도 마찬가지로 적용된다. 때로는 제품이 소비자들의 미적 감각을 만족시키지 못할 수도 있다. 그러나 그러한 잘못은 노동자들에게만 있는 것이 아니다. 제품의 디자인을 결정짓는 시장의 조건에도 잘못이 있다. 조건과 기회를 바꾼다면 옛 장인들의 생산물에 손색이 없는 가치 있는 물건들이 만들어질 것이다.

예술을 숭상하는 관념이 다방면으로 부지불식간에 만연해 있어, 어떤 사람이 적어도 부분적으로는 그 미적 성질aesthetic quality로 말미암아 격의 없는 여흥을 즐긴다는 말을 들었을 때, 많은 사람들이 기뻐하기보다는 오히려 불쾌해할 것이다. 오늘날 보통 사람들에게 많은 활력을 주고 있는 여러 예술은 사실 사람들이 예술로 여기지 않는 것들이기 쉽다. 예를 들면 영화, 재즈, 연재 만화, 그리고 사랑의 보금자리나 살인, 강도 사건에 대한 신문 기사 등이다. 왜냐하면 보통 사람들이 예술로 알고 있는 그 무엇이 미술관이나 갤러리에 갇히게 될 때, 그 자체로 향유할 만한 경험을 향한 충동이 일상 환경에서 제공되는 발산 수단을 찾아내기 때문이다. 예술의 미술관적 개념에 저항하는 사람이 많지만, 여전히 그들은 그 개념이 생겨나게 된 오류를 공유하고 있다. 일반적 개념은 예술을 일상 경험의 대상과 사태로부터 분리시키는 데서 비롯되기 때문이다. 많은 이론가와 비평가들은 득의양양하게 이 분리를 지지하고, 심지어 이 분리에 공을 들이기까지 한다. 선별된 뛰어난 대상들이 보통의 직업인이 만들어낸 산물과 밀접하게 관련되어 있는 시대야말로 전자(예술)에 대한 평가가 아주 생기 넘치는 예리한 시대라 할 수 있다. 서로간의 거리 때문에 교양 있는 사람들에게 순수 예술 작품으로 인정된 대상들이 일반 대중들에게는 생기가 없어 보일 때, 미적 갈망은 쉽고 저속한 것을 추구하게 된다.

순수 예술을 아득히 먼 곳의 좌대 위에 안치시켰던 요인들은 예술의 영역 내에서 발생한 것도 아니고, 또한 그 영향이 예술에만 한정되는 것도 아니다. 많은 사람들에게 있어서, 경외심과 비실재가 뒤섞인 아우라aura[1]는 '정신적인 것spiritual'과 '이상적인 것ideal'을 포함하는 반면에 '물질matter'

은 설명이 필요하고 해명되어야 하는 경멸적인 말이 되었다. 이런 식으로 작용하는 힘은 예술만이 아니라 종교도 일상 생활이나 공동체 생활의 범위에서 멀어지게 했다. 역사적으로 이 힘은 현대적인 생활과 사고의 혼란, 분열을 너무 많이 야기해왔기 때문에, 예술은 그 영향에서 벗어날 수가 없다. 당면한 생활 감정을 격렬하게 하는 온갖 것을 열렬한 숭배의 대상으로 여기는 사람들을 찾기 위하여 우리는 지구의 끝까지 여행할 필요가 없으며 수천 년을 거슬러 올라갈 필요도 없다. 문신, 나부끼는 깃털, 찬란한 의장, 빛나는 금은, 에메랄드, 비취 등의 장식들은 미적 예술의 내용을 이루었으며, 그리고 어쩌면 오늘날 그러한 유사물들이 수반되는 천박한 계급 과시 따위는 없었을 것이다. 가정 용품, 텐트와 집의 비품, 융단, 매트, 그릇, 단지, 활, 창 등이 즐거움 속에 만들어졌다. 그런데 오늘날 우리는 그러한 것들을 찾아내 우리의 미술관 내의 명예로운 곳에 비치한다. 그러나 그것들이 만들어진 본래의 시간과 장소에서 그러한 사물들은 일상 생활의 과정이 고양된 것들이었다. 그것들은 별도의 장소에 유리되어 가두어지지 않았고, 무용武勇, 집단이나 종족 구성원의 표식, 신의 예배, 축연과 단식, 전투, 사냥 등의 표식이었으며, 삶의 흐름을 강조하는 모든 율동적인 일련의 상징이었다.

연극의 원류인 춤과 무언극은 종교적 의식과 제의의 한 부분으로서 번창했다. 음악은 걸쳐진 현을 튕기고, 팽팽한 가

죽을 두들기고, 피리를 불면서 풍부해졌다. 동굴 속 주거도 인간 삶과 아주 밀접한 동물들에 대한 감각과 경험들을 생생하게 보여주는 채색화로 꾸며졌다. 그들의 신들을 모신 구조물들과 더 큰 힘으로 교역을 용이하게 한 도구적 수단들은 아주 정교하게 만들어졌다. 그러나 앞에서 열거된 드라마, 음악, 그림, 건축 등의 여러 예술은 극장이나 갤러리, 박물관과는 특별한 관련이 없다. 그것들은 그저 조직화된 어떤 공동체의 중요한 삶의 부분이었다.

전쟁, 예배, 포럼 등에서 나타난 단체 생활에서는 이 장소나 기능이 가지는 특징과, 그것들에 색채, 우아, 위엄을 가져다 주는 예술 간의 분리가 왜 필요한지 알지 못했다. 그림과 조각은 유기적으로 건축과 하나였으며, 마찬가지로 건축물들도 사회적 목적에 일치되는 것으로서 설립되었다. 음악과 노래는 집단 생활의 의미를 완전하게 하는 의식과 제의의 중요한 부분이었다. 연극은 집단 생활의 전설과 역사의 활기찬 재연이었다. 아테네 사람들에게서조차 그러한 예술은 직접적인 경험에 속하는 배경에서 분리될 수 없고 게다가 그 의미 깊은 성격을 유지할 수 없다. 드라마만이 아니라 운동 경기도 마찬가지로 사람들을 교육하고 영광을 기념하고 시민들의 자긍심을 높이면서 종족과 집단의 전통을 축하하고 공고히 했다.

그러한 상태에서는 아테네의 그리스인들이 예술에 대해

반성하게 되었을 때 그것이 일종의 재현이나 모방의 활동이라는 개념을 형성했다는 사실은 놀라운 일이 아니다. 이 개념에 많은 반대론이 있다. 그러나 그 이론이 유행했다는 사실은 예술과 일상 생활의 밀접한 관계에 대한 증언이다. 만약 예술이 생활의 관심에서 멀어졌더라면 그러한 생각은 누구에게도 떠오르지 않았을 것이다. 왜냐하면 그 이론은 예술이 사물에 대한 문자 그대로의 모사라는 것을 의미한 것이 아니라 사회 생활의 여러 주요 제도에 관련된 정서나 관념들을 반영하는 것임을 의미했기 때문이다. 플라톤은 이 관계를 절감했기 때문에 시인, 극작가, 음악가를 검열해야 한다는 생각을 갖게 되었던 것이다. 그는 음악에 있어서 도리아 양식에서 리디아 양식으로의 변천이 시민 타락의 전조일 것이라고 말했는데, 아마도 이는 과장된 말일 것이다. 그러나 당시에 음악이 공동체의 윤리ethos와 제도에서 없어서는 안 될 부분이라는 점을 의심하지 않았다. '예술을 위한 예술art for art's sake'이라는 개념은 이해조차 되지 않았을 것이다.

그런데 예술을 다른 것과 분리시켜내는 개념이 생겨난 데는 역사적 이유가 있었음에 틀림이 없다. 예술 작품들이 소장되어 있는 우리 시대의 미술관이나 화랑들은 예술을 신전이나 공회장, 기타 공동생활의 여러 양식의 부수물로 하는 것이 아니라, 예술을 유리시키는 어떤 유의 원인을 말해주는 것이다. 누가 뭐래도 현대적인 시설이라 할 수 있는 미술관이나 화랑의 형성과 관련해 교훈적인 현대 예술사가 쓰여야 할 것이다. 하지만 나는 두세 가지 중대한 사실을 지적하고자 한다. 대부분의 유럽 미술관들은 국수주의나 제국주의의 발흥에 따른 기념물이다. 모든 수도에는 여러 가지 회화, 조각 등의 미술관이 있는데, 과거 자국 예술의 위대함을 보일 목적으로 설립된 것이 있는가 하면, 그 나라가 타국을 정복하면서 노획한 전리품을 과시할 목적으로 설립된 것도 있다. 예를 들면 루브르 미술관에 쌓여 있는 나폴레옹 전리품들이 그런 경우이다. 이것들은 예술의 근대적 고립과 국수주의, 군국주의 간의 관계를 입증하고 있다. 물론 이 관계는 때로 하나의 유용한 목적에 기여하기도 했다. 일본이 서구화되는 과정에서 보물급 예술품이 많이 있는 사찰들을 국가가 관리함으로써 그것들이 흩어지는 것을 막았던 것처럼 말이다.

자본주의의 발흥은 예술 작품 고유의 거처로서의 미술관의 발전과, 예술 작품들이 일상 생활로부터 유리된 것이라는 사고가 조성되는 데 강한 영향을 미쳤다. 자본주의 체제의 중요한 부산물인 신흥 *재벌*들은 진귀하고 값비싼 미술품들로 자신을 치장해야 하는 것으로 여겼다. 대체로 전형적인 수집가는 전형적인 자본가이다. 더 높은 교양의 영역에 있다는 좋은 증거로서 자본가는 그림이나 조각, 값진 *보석*들을 수집한다. 주식이나 채권이 그의 경제계에서의 지위를 증명해주듯이 말이다.

개인만이 아니라 공동체나 국가도 오페라 하우스나 갤러리, 미술관으로 그들이 좋은 문화적 취미를 가지고 있음을 입증하고자 한다. 이 같은 시설들은 어떤 사회가 물질적 부에만 전적으로 연연하는 것이 아님을 보여준다. 그 사회는 수익을 예술을 후원하는 데 소비하고 있다는 얘기가 되는 것이니 말이다. 공동체는 이러한 시설들을 지으며, 마치 교회를 하나 지을 때처럼 그 내용물들을 수집한다. 이것들은 고급한 문화적 지위를 반영하기도 하고 확립하기도 하지만, 반면 이것들을 일상 생활에서 유리시킨다는 점은 이것들이 자발적인 토착 문화의 부분이 아니라는 사실을 반영하기도 한다. 그것들은 일종의 우월감과 닮은 태도이며, 그러한 사람들2을 위해서가 아니라 공동체의 시간과 에너지 대부분을 소모하는 관심과 일을 위해 전시된다.

근대의 산업과 상업은 국제적인 반경을 가지고 있다. 갤러리나 미술관의 소장품들은 경제적 세계주의의 융성을 증명한다. 경제 체제에 따른 교역과 인구의 이동은, 예술 작품과 *지방적 기풍*—— 한때 작품들은 이 지방적 기풍의 자연적인 표현이었다—— 사이의 결합을 약화시키고 파괴했다. 예술 작품들은 토착적 지위를 상실함으로써 새로운 지위를 획득했다. 즉 그것은 예술의 표본이라는 지위일 뿐이다. 게다가 예술 작품들은 다른 물건들과 마찬가지로 이제 판매를 위해 생산된다. 부유한 유력자의 경제적 후원은 자주 예술 창작의 촉진제 역할을 했다. 아마도 많은 야만족에게도 자기들의 마이케나스Gaius Maecenas[3]가 있었을 것이다. 그러나 지금은 친숙한 사회적 관련의 상당 부분이 비인간적인 세계 시장에 함몰되고 있다. 사회생활에서 점유한 지위 덕에 과거 타당성과 의의를 부여받았던 대상들은 이제 최초의 조건에서 유리된 채 그 기능을 수행하기에 이르렀다. 이러한 사실에서 보면, 그 대상들은 또한 일상 경험과 단절되고, 취미의 표식 혹은 특별한 문화의 증명서로서의 역할을 부여받는다.

산업 조건의 변화로 예술가는 활발한 관심을 받는 주된 흐름으로부터 한쪽으로 밀려났다. 산업은 기계화되어 왔지만 예술가는 기계화된 작업으로 대량 생산을 해낼 수 없다. 예술가는 서비스 사회의 일반적인 추세에 이전만큼 잘 통합되지 못한다. 하나의 독특한 미적 '개인주의'esthetic 'individualism'가 나타난다. 예술가들은 '자기 표현'이라는 유리된 수단으로 창작에 전력하는 것이 자기들에게 부과된 의무라고 생각했다. 경제적 권력의 추세에 영합하지 않기 위해 예술가들은 자주 고립성을 극단적으로 과장할 필요가 있음을 느낀다. 결과적으로 예술 작품들은 아주 심하게 고고하고 비교秘敎적인 분위기를 띠게 된다.

그 모든 세력들의 활동을 종합하면, 근대 사회에서 생산자와 소비자 사이에 일반적으로 존재하는 심연을 만드는 조건들은 또한 보통의 경험과 미적 경험 사이에 틈새를 만들어내도록 작용한다. 결국 우리는 마치 정상적인 것처럼 생각되는 이 차이의 기록으로서 예술 철학을 가지고 있는데, 이 예술 철학들은 그 무엇도 서식할 수 없는 불모지에 예술을 위치시키고, 또한 미적인 것the esthetic의 단지 관조적인 특성만을 비정상적으로 역설하고 있는 것이다. 여기서 가치의 혼란이 일어나고 예술의 단절을 강조하게 된다. 수집, 공개, 소유, 과시 등을 즐기는 것과 같은 외적 사태들이 심미적인 가치들인 양 가장한다. 비평도 그것에 영향을 받는다. 여기서도 구체적인 것에서의 미적 인식 능력에 대한 고려는 별로 없고 탐닉된 예술의 초월적인 아름다움의 영광과 경이로운 진가에 대한 찬사만이 넘친다.

그러나 나의 목적은 예술사에 대한 경제적 해석을 시도하려는 것이 아니며, 하물며 여러 경제적 조건들이 감상과 향유에, 심지어 개별적 예술 작품의 해석에 불변으로든 직접적으로든 관계가 있는지를 논증하는 것도 아니다. 예술과 그 평가를 다른 경험 양식들로부터 차단시켜 자기들만의 영역 속에 가두어버리는 이론들은 주제에 내재적인 것이 아니라 특수한 외적 조건들로 말미암아 생겨나는 것이라는 게 내가 말하고자 하는 바이다. 제도와 생활 관습에 깊이 착근되어 있는 이 조건들은 매우 무의식적으로 작용하는 까닭에 효과적으로 작용한다. 그래서 이론가는 그 조건들이 사물의 본성에 착근해 있다고 상정하는 것이다. 그럼에도 불구하고 이 조건들의 영향은 이론에만 국한되지 않는다. 전술한 바와 같이 그것은 실제 생활에 깊이 영향을 미쳐, 행복의 불가결한 요소인 심미적 지각을 쫓아내든가 혹은 그것들을 찰나적인 쾌의 흥분을 보상하는 수준으로 되돌리는 것이다.

위에서 한 이야기에 동의하지 않는 독자들에게서도 지금까지의 진술에 함축된 의미는 문제——즉 미적 경험의 연속성을 정상적인 삶의 과정들로 회복하는 문제——의 본질을 규정하는 데 유용할 수 있다. 예술에 대한 이해와 문명에서의 예술의 역할에 대한 이해는 예술에 대한 찬미를 통해 진척을 이룰 수 없으며, 위대한 예술 작품이라고 인정된 위대한 예술 작품들만을 통해 진전을 볼 수 없다. 예술론이 얻고자 하는 이해에는 하나의 우회로에 의해 도달될 것이다. 즉 그러한 경험이 갖는 심미적 성질을 찾아내기 위해서는 보통의 평범한 사물들의 경험으로 되돌아가는 것이다. 미적인 것이 구획되는 때만, 혹은 일상경험의 사물들을 축복하는 것도 아니며, 축복으로 간주되는 것도 아닌 것으로, 예술작품들이 벽감 속에 안치될 때만, 예술론은 예술작품으로 인정된 것들과 함께, 그리고 그로부터 논의를 시작할 수 있다. 있는 그대로의 경험이라도 정말 그것이 하나의 경험이라면, 이미 다른 어떤 경험 양식에서 유리된 대상보다 미적 경험의 내재적 본성에 단서를 제공하는 데 더 적합하다. 이 단서에 따라 우리는 예술 작품이 어떻게 매일의 향유 대상에서 독특하게 가치 있는 것을 발전시키고 강조하는지를 발견할 수 있다. 특수한 가공을 거쳐 콜타르에서 염료가 추출되듯이, 일상 경험의 의미가 제대로 표현될 때 예술 작품이 일상에서 유출되는 것으로 이해될 것이다.

이미 많은 예술 이론이 존재하고 있다. 만약 또 다른 미학을 제시하기에 족한 정당한 이유가 있다면, 그것은 새로운 접근 방식을 통해서 발견될 것이다. 현존하는 이론들의 순열과 조합이 쉽게 만들어질 수 있다. 그러나 내가 생각하기에 현행 이론들의 난관은 예술을 기성의 구획으로 위치시킴으로써, 혹은 구체적 경험의 대상들과 단절시켜 예술을 '정신화'하는 예술의 개념으로부터 이론이 시작되는 데 있다. 그러나 이러한 정신화에 대한 대안은 예술 작품의 비속화, 저열한 물질화에 있는 것이 아니라, 이 작품들이 일상의 경험 속에 존재하는 성질들을 이상화하는 방식을 밝히는 어떤 개념에 있을 것이다. 예술작품은, 일반적으로 생각되는 직접적인 인간적 배경 속에 놓일 경우, 격리적인pigeon-hole 예술 이론들이 일반의 동의를 얻을 때보다 더 폭넓은 지지를 얻을 것이다.

예술을 일상 경험에서 발견되는 여러 성질과 관련하여 설명하고자 하는 어떤 개념은, 보통의 인간 활동이 통상적으로 예술적 가치를 지닌 문제로 발전하도록 도와주는 요소와 힘을 보여줄 수 있다. 그 개념은 또한 그러한 통상적 발전을 저해하는 그러한 조건들도 지적해줄 수 있을 것이다. 미학자들은 미학이 미적 감상의 함양에 일조하는지의 문제를 종종 제기한다. 이 문제는 비평 일반론의 일부로서, 만약 예술 비평이 구체적인 미적 대상들에서 무엇을 구하며 무엇을 찾아낼 수 있는지를 명시하지 않는다면, 이러한 비평은 임무를 충실히 수행했다고는 말할 수 없을 것이다. 하지만 어떤 경우든 예술 철학이 다른 양식의 경험과 관련해 예술의 기능을 인식시켜주지 못한다면, 그리고 이 기능이 잘 발휘되지 않은 까닭을 밝혀주지 못한다면, 또한 그 임무가 훌륭히 수행되는 데 필요한 조건들을 제시해주지 못한다면, 그 예술 철학은 책무를 온전히 달성하지 못한 것이라 해야 할 것이다.

예술 작품이 일상 경험에서 생겨나는 것을 원료를 가공해 가치 있는 산물을 만들어내는 일에 비유하는 것은, 예술 작품을 상업적 목적으로 제조된 품목으로 환원시키려는 현실적 시도가 아니라면, 어떤 사람들에게는 다소 무의미해 보인다. 그러나 중요한 것은, 완성된 작품들에 대한 어떠한 열광적인 찬사도 자연히 그러한 작품들의 이해와 생성을 도울 수는 없다는 점이다. 토양과 공기, 습도, 꽃의 기원인 씨앗의 상호 작용에 대한 지식이 없어도 꽃을 향유하는 것은 가능하다. 그러나 이 상호 작용을 참작하지 않고서 꽃을 *이해*하는 것은 불가능하다. 역시 이론은 '이해'가 관건이다. 이론은 *예술 작품 생산과 작품에 대한 지각적 향유*라는 본질의 발견에 관한 것이다. 어떻게 하여 일용품 제조가 순전히 예술적인 창작의 형식으로 발전하는 것일까? 어떻게 하여 사건과 사태에 대한 우리의 일상적 향유가 단연코 미적인 경험에 수반되는 특수한 만족감으로 발전하는 것일까? 이는 이론이 답해야 하는 문제이다. 우리가 현재 미적인 것으로 간주하지 않는 경험이라는 것 속에서 맹아와 뿌리를 찾지 않으면 해답이 발견되지 않을 것이다. 이러한 살아 있는 씨앗들을 발견함으로써, 우리는 완결되고 정제된 예술의 최고 형식으로의 발전의 길을 갈 수 있을 것이다.

명백한 것이지만, 식물을 아무리 사랑하고 즐긴다 해도 그 인과적 조건들을 이해하지 못한다면 식물의 성장과 개화를 그저 우연에 맡겨야 할 것임에 틀림없다. 그렇다면, 미적 이해는 단순한 개인적 향유와는 구별되는 것으로서, 미적으로 경탄스러운 대상들을 생성해내는 토양, 공기, 빛에서 출발해야 한다는 것은 너무나 자명하다. 그리고 이 조건들은 보통의 경험을 완전하게 하는 조건이자 요인이다. 이 사실을 인식하면 할수록 우리는 자신이 궁극적 해결보다는 오히려 하나의 문제에 직면해 있음을 더욱 절실하게 깨닫게 될 것이다. *만약* 예술적이면서도 미적인 성질이 모든 통상적 경험에 내재한다면, 어떻게 그리고 왜 그것이 일반적으로 표면에 나타나지 못하는 이유를 설명할 수 있을까? 왜 대중에게는 예술이 어떤 외국으로부터 경험에 수입되는 것처럼 보이며, 미적인 것이 인공적인 것과 동의어인 것처럼 보이는 것일까?

우리가 '정상적인 경험normal experience'이라 할 때 그 의미에 대해 명료하고 사리에 맞는 개념을 갖고 있지 못하다면, 우리는 예술이 일상 경험으로부터 발전해나간다는 것을 밝힐 수 있을 뿐, 이 문제들에 대해 그 이상의 답은 제시할 수 없다. 다행히도 그러한 개념에 이르는 길은 열려 있고 이정표가 잘 세워져 있다. 경험의 본질은 생명의 필수 조건들에 의해 규정된다. 인간은 금수와 다르면서도 생명유지의 기본기능을 공유하고 있으며, 인간이 삶을 계속 영위하기 위해서는 그것들과 동일한 기본적 적응을 하지 않으면 안 된다. 동물들과 마찬가지로 생명유지 욕구를 가지고 있는 인간은, 숨쉬고 움직이고 보고 듣는 수단을, 자기의 감각과 운동을 조화시키는 바로 그 두뇌를 동물 조상으로부터 계승한다. 인간의 생명을 유지해주는 그 기관들은 인간 스스로 획득한 것이 아니라 동물 조상의 오랜 세대에 걸친 투쟁과 성취 덕분에 획득된 것이다.

다행스럽게도 경험 내의 미적인 것이 차지하는 위치에 대한 이론은 근본적인 형식의 경험에서 시작할 때 상세한 설명에 몰두할 필요가 없다. 폭넓은 개괄로도 충분하다. 생명이 환경 속에서 영위되는데, 단지 환경 속*에서만*이 아니라, 환경으로 *말미암아*, 그리고 환경과의 상호작용을 통해 영위된다는 사실이야말로 최우선적인 고려 사항이다. 그 어떤 생명체도 단지 피부 속에서만 사는 것은 아니다. 생명체의 피하 기관들은 신체 밖에 있는 것과 접속하는 수단이며, 살기 위해서는 화해하고 방어하고 정복함으로써 외계에 자신을 적응시켜야 한다. 살아 있는 생명체는 매순간 외계의 위험에 노출되어 있으며, 또한 욕구를 충족시키기 위해서는 항상 환경 안에서 무언가에 의존해야 한다. 생물의 생애와 운명은 환경과의 상호 교환과 밀접하다. 외면적으로가 아니라 가장 긴밀한 방식으로 말이다.

개가 먹이 앞에 웅크리고서 으르렁거리는 것, 상실과 고독의 순간에 짖는 것, 주인의 귀가에 꼬리를 흔드는 것 등은 사람과 사람에 의해 사육돼온 동물을 포함한 어떤 자연적 매개물 안에 생명체가 포함되어 있다는 것에 대한 표현이다. 신선한 공기나 음식에 대한 갈망처럼 무엇을 필요로 한다는 것은 모두 일종의 결핍으로, 환경에 맞추어 적응하는 것이 적어도 일시적으로 부재함을 의미한다. 그러나 그것은 또한 요구로서, 결핍을 채워주는 환경, 적어도 일시적인 균형을 이룸으로써 적응력을 회복해주는 환경을 향해 팔을 뻗는 것이다. 생명 자체는, 유기체와 주변 사물과의 보조가 어긋나고, 그래서 노력과 요행에 의해 그 화합을 회복하는 것이다. 그리고 생명이 성장하고 있을 때, 그 회복은 단순히 이전 상태로의 복귀가 아니다. 왜냐하면 생명이 성공적으로 헤쳐나간 모순과 저항의 상태에 의해 풍부해지기 때문이다. 만약 유기체와 환경의 간격이 너무 넓다면 생명체는 죽는다. 만약 그 활동이 양자의 일시적인 이반에 의해 고양되지 않는다면, 생물은 간신히 연명하는 것일 뿐이다. 양자의 일시적 갈등이 유기체의 에너지와 주변 조건들의 에너지가 더욱 폭넓게 균형 잡히도록 이행될 때 생명은 성장하는 것이다.

　이러한 상투적인 생물학적 기술들은 이것으로 끝나는 것이 아니다. 이는 경험 속에 박혀 있는 미적인 것의 뿌리까지 적용되는 사실이다. 세계는 생명에 무관심한 사물들, 그리고 심지어 적대적인 사물들로 가득 차 있다. 하지만 생명을 유지하는 과정들 자체도 생명과 외계의 조화를 상실하는 경향이 많다. 그럼에도 불구하고 만약 생명이 지속되고, 또한 지속 중에 성장한다면, 그것은 대립과 갈등의 요인들을 잘 극복한다는 것이며, 그 요소들을 능력도 더 향상된, 더욱 가치 있는 부류의 생명으로 변화시켜나간다는 것이다. 유기적이고 활력적인 이 경이로운 적응은 확장(위축이나 수동적 적응이 아닌)을 통해 실제 나타난다. 균형과 조화는 *리듬*에 의해 여기 그 맹아가 싹튼다. 평형은 기계적으로나 타성적으로 생겨나는 것이 아니라, *긴장으로부터*, 그리고 *긴장으로 말미암아* 생겨나는 것이다.

　자연에서는 생명의 수준 이하의 것에서조차 단순한 유전 流轉이나 변화 이상의 그 무엇이 존재한다. 운동 중이기는 해도 항구적인 *평형*이 얻어질 때 반드시 거기에 *형식*이 생겨난다. 변화들은 서로 결합하고 지탱한다. 이러한 결합이 존재하는 데는 항상 지속이 있다. *질서*는 외부에서 부과되는 것이 아니라 여러 힘들이 서로에게 전달되는 조화로운 상호 작용으로부터 이루어진다. 질서는 활동적인(진행하는 것과 무관하다 하여 정적인 것은 아닌) 것이다. 따라서 질서 자체는 발전 성장한다. 질서는 너무나 다양한 변화들을 그 균형 잡힌 운동 속에 포용한다.

부단히 혼란의 위협을 받고 있는 세계, 생명체가 신변의 질서는 어떤 것이든 이용하고 자신에게 결합시켜야만 계속 생명을 영위할 수 있는 세계에서는 질서야말로 놀라운 것이다. 우리가 살고 있는 세계에서는 감각을 갖춘 모든 생물은 신변에서 상응하는 질서를 찾아냈을 때, 융화감으로 응함으로써 이 질서를 기꺼이 맞아들인다.

왜냐하면 생물이 질서 잡힌 외계와의 관계들을 공유할 때만 생활에 필요한 안정이 확보되기 때문이다. 그리고 이 관계가 소외와 갈등에 뒤이어 나올 때, 이 관계는 미적인 것과 유사한 완성consummation의 맹아들을 내부적으로 낳게 된다.

자기와 환경과의 통합의 상실, 그리고 일치의 회복이 반복되는 과정은 인간 안에서 지속될 뿐만 아니라 인간에게도 의식적이게 된다. 그 리듬의 조건들은 사람이 목적을 정하는 데 소재가 된다. 정서는 현재의 혹은 눈앞에 닥친 파국이 의식에 나타나는 기호이다. 그리하여 부조화는 반성을 환기하는 경우가 된다. 융합을 회복시키고자 하는 욕구는 단순한 정서를 조화 실현의 조건인 사물들에 대한 흥미로 변화시키는 것이다. 그 조화의 실현으로 반성의 소재는 대상들의 의미로서의 대상들 안에 융합된다. 예술가는 그 결합이 행해지는 경험의 국면을 유난히 갈망하기 때문에 저항과 긴장의 계기를 기피하지 않는다. 그는 오히려 저항이나 긴장을 키우기까지 한다. 하지만 저항이나 긴장 그 자체를 위해서가 아니라, 통일되고 총체적인 경험을 생생하게 의식시키는 가능성을 바로 그것들이 가지고 있기 때문이다. 미에 목적을 두는 사람과는 반대로, 과학자는 관찰의 내용과 생각의 내용 간의 긴장이 나타나는 문제나 국면들에 관심을 갖는다. 물론 과학자는 그 해결책에 관심을 갖는다. 하지만 그것에 머무르지 않고, 기존의 어떤 해결책을 단지 다음 연구를 위한 디딤돌로 사용해 또 다른 문제로 옮겨 간다.

이렇듯 미적인 것과 지적인 것 간의 차이란 생물과 그 환경 간의 상호 작용의 특색을 이루는 부단한 리듬 속에서 강조되는 장소의 차이를 말하는 것이다. 경험에 대한 이 두 가지 강조의 궁극적 문제는 그 일반적 형식과 마찬가지로 동일하다. 예술가는 사고하지 않는다거나 혹은 과학자는 사유만하고 그 밖의 다른 것을 하지 않는다는 편견은 템포나 강조의 차이를 본질적 차이로 전환시킨 결과이다. 사상가의 관념이 단순한 생각에 머무르지 않고 대상들의 구체적 의미들이 될 때, 사상가에게도 미적 계기가 있는 것이다. 예술가도 창작할 때 역시 문제를 갖고서 사고한다. 그러나 그의 사고는 사물 속에서 즉각적으로 구현된다. 과학자는 예술가의 목표와는 비교적 동떨어져 있기 때문에 상징과 언어, 수학적 기호 등을 사용한다. 예술가는 아주 질적인 것을 매개로 하여 사유하며, 그 언어는 그가 창조하고 있는 것과 아주 밀접하여 사물 속으로 직접 융합해 들어간다.

동물은 경험된 대상에 감정을 투영시킬 필요가 없다. 자연은 수학적으로 성질이 부여되거나 혹은 색이나 형체와 같은 '2차적' 성질들의 집합체이기 훨씬 이전에, 친절하면서도 가혹하고, 온화하면서도 까다롭고, 짜증스러우면서도 위로가 되는 것이다. 지적으로 훈련된 사람들에게는 그렇지 않지만, 다른 사람들에게는 길거나 짧고, 견고하거나 속이 빈 그런 말들조차 하나의 도덕적, 정감적 의미를 함축한다. 사전은 이용자에게 달콤하거나 쓰다는 말도 그것의 처음 용법은 그와 같은 감각의 성질을 의미하는 것이 아니라 유익한 것과 해로운 것을 구별하는 것이었다는 내용을 알려줄 것이다. 그렇지 않으면 무엇이란 말인가? 직접적 경험은 자연과 인간이 상호 작용을 하는 데서 오는 것이다. 이런 작용 속에서 인간의 활동 에너지는 결집되고, 완화되고, 억압되고, 좌절하고, 승리한다. 여기에 결핍과 충족이라는 규칙적 박동들, 그리고 행위와 행위를 억제하는 맥동들이 수반된다.

변화의 소용돌이 속에서 안정성과 질서를 가져오는 모든 상호 작용은 *리듬*이다. 거기에는 간조와 만조, 심장의 수축과 이완, 즉 질서 있는 변화가 존재한다. 변화는 한계 내에서 움직인다. 일정한 한계를 넘어서는 것은 파멸이자 죽음이다. 그러나 그로부터 새로운 율동이 생겨난다. 변화의 일정한 중단은 하나의 질서를 확립하는데, 그것은 시간적으로뿐만 아니라 공간적으로도 해당되는 질서이다. 이를테면 바다의 파도나, 이리저리 파도가 밀려오는 백사장의 잔물결, 양털구름이나 먹구름 등이 그것이다. 결핍과 충족, 쟁탈과 획득, 불규칙이 정점에 달한 후에 오는 조정 등의 대비는 행위, 감정, 의미를 삼위일체로 하는 드라마를 만들어낸다. 그 결과는 조화와 평형이다. 이러한 조화와 평형은 정적이지도 않고 기계적이지도 않다. 그것들은 강렬한 힘을 표현하고 있는데, 그 까닭은 저항을 극복함으로써 나타나는 것이기 때문이다. 주위 사물들이 생명체에 유용하기도 하고, 반대로 생명체가 주위 사물들에 유용하기도 하다.

미적 경험이 일어날 수 없는 가능의 세계가 두 종류 있다. 단순히 유전만 있는 세계에서는 변화는 축적되지 않을 것이다. 그러한 사회는, 종국을 향해 나아가지도 않을 것이다. 거기에는 안정도 휴식도 존재하지 않을 것이다. 마찬가지로 완성되고 완료된 세계에서는 일말의 불안과 위기도 없고 일을 결행할 기회도 없는 것이 사실이다. 모든 것이 이미 충족된 데서는 성취도 없다. 우리가 열반이나 한결같은 천상의 축복을 희구하는 것은 오직 그것들이 억압이나 갈등으로 가득한 현세를 배경으로 투사되기 때문일 뿐이다. 우리가 살고 있는 현실 세계는 운동과 정점, 분열과 재결합의 한 조합이어서 살아 있는 생명체의 경험이 미적 성질을 가질 수 있다. 생물은 환경과의 평형 상태의 상실과 회복을 되풀이하고 있다. 혼란에서 조화로 이행하는 순간이야말로 가장 강렬하게 살아 있는 순간이다. 완성된 세계에서는 수면과 각성의 구별이 없다. 또한 완전히 혼란스러운 세계에서는 조건들이 외계와 갈등에 빠지지도 않는다. 우리의 것들을 본떠 만들어진 세계에서, 일을 완수한 순간에 경험은 리듬에 따라 만끽된 간격들에 맞춰 매듭지어진다.

어떤 방법으로 환경과의 화해가 이루어질 때만 내적 조화가 획득된다. 이 조화가 '객관적' 근거가 아닌 다른 데서 발생된다면 그것은 망상이며, 극단적인 경우에는 광기에 가까운 것이 되기도 한다. 다행히도 경험의 다양성이라는 측면에서 그 타협들은 여러 방식—— 궁극적으로 선택적 관심에 의해 결정된 방식—— 으로 이루어진다. 쾌快는 우연한 접촉과 자극을 통해서도 생겨날 수 있다. 그러한 쾌는 고통으로 가득 찬 세계에서 경멸받을 수 없다. 그러나 행복과 환희는 전적으로 다른 종류의 것이다. 행복과 기쁨은 우리 심중 심연에까지 이르는 성취에서 온다. 즉, 온전한 우리와 생존 조건과의 화합이라는 성취 말이다. 삶의 과정에서 평형의 시기에 이르는 것은 동시에 환경과의 새로운 관계가 시작되는 것으로, 이 관계는 투쟁을 통해 새로운 적응을 이루어내는 과정에 있다. 완성의 시간은 또한 새롭게 시작하는 시간이다. 성취와 조화의 시간에 수반되는 향유를 그 기한을 넘어서까지 영속화하려는 시도는 어떤 것이든 현실 세계로부터의 도피를 이룬다. 그러므로 그것은 활력의 저하나 상실을 드러낸다. 그러나 불안과 갈등의 국면 속에서도 거기에는 깊이 내재해 있는 조화에 대한 뿌리 깊은 기억이 머물고 있는데, 이 조화의 감각에는 반석 위에 세워진 감각처럼 우리의 생활에 자주 나타나는 그런 감각이 머물러 있다.

대부분의 사람들은 자신의 현재의 삶과 과거, 미래 사이에 흔히 틈새가 생긴다는 것을 알고 있다. 그 경우 과거는 그들에게 무거운 짐처럼 지워져 있고, 후회, 사용되지 못한 기회, 원하지 않았던 결과의 의미로 현재 속으로 밀고 들어오는 것이다. 과거는 자신 있게 앞으로 전진시키는 수단들의 창고가 아니라, 하나의 억압으로서 현재에 걸쳐져 있다. 그러나 생물은 과거를 긍정함은 물론, 과거의 어리석음과도 타협하며, 그것들을 현재의 신중함을 배가시키는 타산지석으로 삼는다. 생명체는 과거에 이루어진 것 위에서 살고자 하지 않고, 현재를 알려주는 것으로서 과거의 성공을 이용한다. 모든 생생한 경험의 풍부함은 산타야나George Santayana[4]가 즐겨 말하는 '고요한 반향hushed reverberations' 덕분이다.[5]

온전히 살아 있는 자에게 미래란 불길한 것이 아니라 하나의 약속이다. 미래는 일종의 후광처럼 현재를 감싸고 있다. 미래는 바로 지금 손에 쥐고 있는 것처럼 느껴지는 가능성들로 되어 있다. 진실한 삶 속에서 온갖 사물들이 오버랩되고 융합된다. 그러나 우리는 미래가 가져다줄 것에 대해 너무 자주 우려하며, 분열된다. 기우에 빠지지는 않는다 해도, 적어도 우리는 현재를 즐기지 않는다. 그 까닭은 현재를 경시해서가 아니라 *없는 것*으로 치부해버리기 때문이다. 이렇듯 빈번히 우리는 현재를 과거나 미래에 예속시킨다. 따라서 행복한 경험의 시간은 경험이 과거의 추억과 미래의 전망에 몰입되기 때문에 완전한 것이며, 바로 이러한 순간이 미의 이상esthetic ideal을 구성하게 되는 것이다. 과거가 근심을 덜게 하고 미래의 전망들이 불안하지 않을 때에만 생물은 환경과 온전히 융합되며, 따라서 제대로 살아 있다고 할 수 있다. 예술은 과거가 현재를 강화하고 미래가 현재를 고무하는 계기들을 아주 치열하게 경축하는 것이다.

그러므로 미적 경험의 원천을 이해하기 위해서는 인간 이하의 동물의 생태를 살펴보지 않으면 안 된다. 작업이 노동이 되고 사색이 우리를 세계로부터 도피시킬 때, 여우, 개, 개똥지빠귀의 활동은 우리가 분할한 경험의 통일에 대한 환기이자 상징으로 보일 것이다. 살아 있는 동물은 조심스러운 눈짓, 예리한 후각, 귀를 쫑긋 세우는 등의 행동에서 온전히 존재한다. 모든 감각들이 마찬가지로 *경계*하고 있다. 잘 살펴보면 동작은 감각과, 감각은 동작과 결합되어 있음을 알 수 있으며, 그것이 동물 자체를 우아한 것으로 만들지만 인간은 동물과 비교가 되지 않는다. 생명체가 과거부터 간직해 온 것, 그리고 미래에 대해 기대하는 것은 현재의 지침으로 작용한다. 개는 결코 현학적이지도 아카데믹하지도 않다. 이러한 현상이 일어나는 경우는 자명하다. 즉, 과거가 의식 속에서 현재와 단절되어 있으며, 또한 그것이 복제하기 위해 있는 모델이나 혹은 물건을 꺼내 쓰기 위해 있는 저장소처럼 존재하는 경우 말이다. 이 경우 현재 속에 융합된 과거는 계속 위력을 발휘하며, 다른 것을 물리치고 나아간다.

야만인들의 삶은 다분히 흐물흐물한 데가 없지 않다. 하지만 일단 그들이 아주 활기차지면, 자기 주변 세계의 관찰에 대단히 주의 깊게 되며, 또한 에너지들로 팽팽해진다. 자기를 자극하는 사물을 발견하게 되면 역시 자기도 동요되는 것이다. 그의 관찰은 미래에 대한 준비 행동이기도 하고 장래의 예측이기도 하다. 그는 사냥감을 몰래 추적하거나 은밀히 적에게서 도망칠 때와 마찬가지로 보고 듣고 할 때도 온 신체를 동원해 활동한다. 그의 감각들은 즉각적인 사고의 파수꾼이자 행동의 전초이며, 우리의 경우처럼, 지연된 가능성,

희박한 가능성 때문에 저장된 물자가 늘어서는 그런 단순한 통로는 아니다.

예술과 미적 지각을 경험과 결부시키는 것 자체가 그것들의 의의와 품격을 손상시킨다는 설이 있지만 무지의 소치가 아닐 수 없다. 경험이 *진실*로 경험인 한, 그것은 고양된 활력이다. 경험은 누군가 혼자만의 감정이나 감각 속에 밀폐되어 있음을 의미하는 것이 아니다. 경험은 세계와의 능동적이고 빈틈없는 교류를 의미한다. 최고의 경험은 사물과 사건들의 세계와 자아의 완전한 *상호 침투*interpenetration를 의미한다. 그것은 변덕과 무질서에 빠지는 것을 의미하는 것이 아니다. 경험은 성체가 아닌 안정성, 즉 리드믹하게 발전해가는 안정성이라는 우리의 유일한 예증을 제공해준다. 경험은 예술의 맹아이다. 왜냐하면 경험이란 것은 사물들의 세계에서 힘겹게 얻은 위업이자 성취이기 때문이다. 경험은 초기의 형태에서도 미적 경험이라는 유쾌한 지각의 기대를 내포하고 있는 것이다.

제2장

생명체와 '천상의 사물들'[6]

경험에서 고고하고 이상적인 것들을 기초적인 생명의 근저와 연계시키려는 시도는 왜 그렇게 자주 그것들의 본질에 대한 배반 혹은 그 가치의 부정으로 간주되는가? 예술의 고귀한 성취가 보통의 일상 생활, 즉 우리가 다른 모든 살아 있는 생명체와 공유하는 생활과의 관련 속에서 나오거늘, 왜 일상 생활에 대한 혐오가 있는 것일까? 생명은 왜 저급한 욕망의 문제 혹은 기껏해야 천한 감각의 것으로 여겨지는 것이며, 왜 최상의 영역으로부터 열락의 수준이나 거친 만행의 수준으로 대책 없이 침몰하는 것일까? 이 물음들에 하나의 완전한 답을 제시하기 위해서는 육체에 대한 경시, 감각에 대한 우려, 정신과 신체의 대립 등을 야기한 조건들을 설명하는 어떤 도덕사道德史를 써야 할 것이다.

이 도덕사의 한 국면이 우리의 문제에 깊이 관련되어 있기 때문에 일단 일견할 필요가 있다. 인류의 제도적 생활은 분열로 특징지어져 있다. 이 무질서는 그것이 정적인 계급 분할 형태를 취하고 있다는 사실에 의해 자주 위장되곤 했으며, 이 정적인 분할은 그것이 분명한 갈등을 빚지 않는 것으로 인정되는 한, 바로 그 질서의 본질로 간주된다. 생활은 분할되고, 제도화된 분할은 고급의 것과 저급의 것으로 구분되며, 그 가치는 세속적인 것과 영적인 것, 물질적인 것과 이상적인 것으로 구분된다. 여러 관심들이 견제와 균형의 체계를 통해 외적으로나 기계적으로 상호 관련되어 있다. 종교, 도덕, 정치, 사업이 각각 자체의 구획을 가지며 각각 알맞은 범위 안에서 존속하니 예술도 특수하면서도 사적인 영역을 지녀야 한다. 여러 활동이나 흥미를 분할함으로써 일반적으로 '실천'이라 불리는 활동 양식이 성찰로부터 분리되고, 상상은 실제 행위로부터 구별되고, 의미심장한 목적은 노동으로부터 분리되며, 정서는 사상이나 행위로부터 구별된다. 이것들은 또한 각자 있어야 할 자기의 위치를 점하고 있다. 그리하여 경험 분석 이론가들은 이 분리들이 인간 본성 자체에 내재한다고 생각한다.

현재의 경제적, 법률적 제도하에서 실제 이루어지는 많은 경험에 대해 이러한 구별들이 견지되고 있는 것은 너무나 당연하다. 많은 사람들의 생활 속에서 감각들이 본질적 의미들을 깊이 깨달음으로써 생기는 감정으로 충만한 경우는 매우 드물다. 우리는 감각의 내부나 배후에 있는 실재를 감지하지 못한 채, 감각을 기계적 자극이나 촉발적 흥분으로 받아들인다. 우리의 많은 경험 속에서 우리의 상이한 감각들은 하나의 공통적인 거대한 이야기를 말하기 위해 합일을 이루지는 않는다. 우리가 눈으로 본다 하여 반드시 감정이 수반되는 것은 아니다. 또한 우리가 귀로 듣기는 하지만, 그것은 간접적인 증거에 지나지 않는다. 간접적인 증거라고 하는 이유는 그것을 시각적으로 확인하는 것이 아니기 때문이다. 우리는 만져보지만 그 접촉은 접선과도 같은 것으로 남아 있다. 왜냐하면 그 접촉은 표면 아래 심층으로 진입하는 감각 성질과 융합하지 못하기 때문이다. 우리는 감각에 의해 정념을 일으키지만 통찰의 흥미를 충족시키기 위해서는 아니다. 그것은 이런 흥미가 감각의 작용 가운데 잠재해 있지 않기 때문이 아니라, 우리가 감각을 표면적 자극으로 머물게 하는 생활의 조건들에 매몰돼 있기 때문이다. 위신이란 육체를 사용하지 않고 정신만을 사용하는 사람들이나, 다른 사람들의 신체나 노동을 지배함으로써 대신 행하는 사람들의 몫이다.

　그러한 상태에서는 감각과 육체가 오명汚名을 얻게 된다. 그러나 전문적인 심리학자나 철학자보다는 윤리학자의 편이 감각과 우리 존재의 다른 부분과의 긴밀한 관계를 더 잘 이해하고 있다. 그러나 이 관계들에 대한 모럴리스트의 이해는 환경과 관련하여 우리 삶의 잠재적인 사실들과는 반대되는 방향을 택하고 있다. 심리학자와 철학자는 최근 인식의 문제에 사로잡혀 있어 '감각'을 단순한 인식 요소로 다루고 있다. 윤리학자는 감각이 정서, 충동, 욕망과 관련 있다는 것을 잘 알고 있다. 따라서 그들은 눈을 통한 육욕도 정신이 육체에 굴복한 것에 속한다고 배척한다. 그들은 심미적인 것과 관능적인 것, 관능적인 것과 외설적인 것을 동일시한다. 그들의 도덕 이론은 일그러져 있으나, 적어도 눈이란 것이 재료의 지적 수용을 위해서 먼 거리의 대상들을 인식하도록 만들어진 불완전한 망원경이 아니라는 것은 알고 있다.

　'감각'의 의미는 광범위하다. 감관적인 것sensory, 선정적인 것sensational, 감수적인 것sensitive, 가각적인 것sensible, 정감적인 것sentimental, 감성적인 것sensuous 등. 감각은 있는 그대로의 신체적, 정서적 자극부터 의미 그 자체——즉 직접적 경험에 나타나는 여러 사물의 의미——까지 거의 모든 것을 망라한다. 각 용어는, 생명이 감각 기관들을 통해 나타날 때의, 유기적 생명체의 삶의 어떤 현실적 측면과 양상에 관계된다. 그러나 그 자명한 의미와 같이 경험 속에 직접적으로 구체화되는 의미로서의 감각은, 감각 기관들이 온전한 실현에 이를 때의 그것들의 기능을 표현하는 의미에 지나지 않는다. 생물체가 자기 주위 세계의 작용에 직접 관여하는 수단인 그 기관들이 바로 감각이다. 이러한 참여 속에서 이 세계에 대한 다양한 경이와 광채는 생명체가 경험하는 성질들이 되어 현실화하게 된다. 이 경우 소재는 유기체의 활동에 대립되는 것이 아니다. 왜냐하면 운동 기관과 '의지' 그 자체가 이 참여를 수행하고 유도하는 수단들이기 때문이다. 소재는 또한 '지적인 것'에 대립될 수 없다. 왜냐하면 바로 정신이 감각을 통해서 참여를 의미 있게 하는 수단이며, 그 의미와 가치들을 추출하고 유지하며 살아 있는 생명체와 환경 간의 교통에 더 많은 기여를 하는 수단이기 때문이다.

　유기체와 환경 간의 상호 작용이 완전하게 수행될 때 그것은 참여와 소통으로 변하며, 경험은 이러한 상호 작용의 *결과*이자 *징표*이며 *보상*이다. 운동 기관과 결부된 감각 기관들은 이러한 참여의 수단이다. 따라서 기관들 모두의 손상은 그것이 실천적이든 이론적이든 협소하고 둔한 생활-경험의 결과이자 원인이다. 마음과 신체, 혼과 물질, 정신과 육체 등의 여러 가지 대립은 근본적으로 생활이 야기하는 것을 두려워하는 데 그 기원이 있다. 그것들은 위축과 후퇴의 징표이다. 그러므로, 인간의 여러 신체 기관, 욕구, 기본적 충동에 의거해 인간이 동물적 상태의 연장선상에 있음을 충분히 이해하는 것이 인간을 짐승 수준으로 환원시켜야 함을 의미하지는 않는다. 오히려 그것은 인류의 경탄할 만한 탁월한 경험의 상부 구조를 세우는 기초로서의 인간 경험의 평면도를 그릴 수 있게 해준다. 사람은 특이한 면이 있어서, 야수의 수준 아래로 전락하기도 한다. 그 특이함 때문에 또한 사람은 동물의 특징인 감각과 충동의 합일, 그리고 두뇌와 이목의 합일에 있어서 참신하고도 유례가 없는 높이에 이르게 된다.

인간은 분화의 복잡성이나 세밀함에서 탁월하다. 바로 이러한 사실 때문에 인간을 구성하는 여러 요소들 중에서 포괄적이고 정확한 관계들이 더욱 많이 필요해지는 것이다. 구별과 그로 인해 가능해진 관계들이 중요하기 때문에 이야기는 여기서 끝나지 않는다. 다른 동물들에 비교해 인간에게는 저항과 긴장의 기회가 더욱 많고, 실험과 발명이 더욱 요구되고, 따라서 그 활동은 아주 참신해지고 성찰은 광범위하게 심화되고 감정은 한층 치열해진다. 유기체의 복잡성이 증가됨으로써 환경과 관련한 투쟁과 완성의 리듬들은 다양해지고 장기화되며, 리듬 내부에 무한히 다양한 미세 리듬sub-rhythms들을 포함하기에 이른다. 삶의 밑그림이 확장되고 풍요로워진다. 일의 성취는 더욱 커지고 더욱 미묘한 음영을 드리우게 된다.

공간은 사람들이 방황하는 빈터, 여기저기 위험물이나 욕망을 채워주는 사물이 산재하는 빈터 이상의 것이다. 공간은 인간이 종사하는 다양한 행위와 체험들로 질서 잡혀 있는 둘레의 광범위한 장면이 된다. 시간은 몇몇 철학자들이 주장해온 순간적인 점들의 연속도 아니고, 끝없는 한결같은 흐름도 아니다. 시간은 또한 대망의 충동, 전진과 후퇴 운동, 저항과 휴지休止라는 리드믹한 조수의 간만이 수행과 완성으로 조직된 매개이며, 또한 이것들을 조직하는 매개이다. 시간은 성장과 성숙의 질서이다. 즉, 우리는 겨울에 스케이트를 시작하여 여름이 되어서야 능숙하게 탄다는 제임스의 말과 같은 것이다. 변화 중의 조직으로서의 시간은 성장이며, 그것은 정지와 휴식이 간헐적으로 일어나는 다채로운 일련의 변화와 새로운 발전의 출발점이 되는 일련의 완성들을 의미한다. 마음도 흙처럼 휴작 중에 양분을 비축해, 이윽고 꽃잎을 피우게 되는 것이다.

섬광이 암흑의 세계를 비출 때 대상의 순간적인 인지recognition가 이루어진다. 그러나 그 인지는 시간 속의 단순한 하나의 점이 아니다. 인지는 길고 느린 성숙의 과정 중에서 최정점이다. *인지*는 연속적으로 질서 잡힌 시간적 경험이 갑작스럽게 다른 것과 구별된 일순간의 클라이맥스 속에서 나타나는 것이다. 단절시키는 것은 〈햄릿Hamlet〉을 전후 문맥 없이 단 한 줄의 문장이나 단어로 제한하는 것처럼 무의미한 일이다. 그러나 '여백은 침묵이다'라는 구절은 시간의 흐름을 통해 극의 결말부에 이름으로써 무한한 함축성을 갖게 된다. 자연 경관의 순간적 지각도 그와 마찬가지이다. 형식이란 미술에서 나타나고 있듯이, 발전해가는 생활 경험의 모든 과정 속에서 나타난 시공의 조직에 포함된 것을 명료하게 하는 기술이다.

시간과 장소는 물리적으로 제한되고 편협하게 국한되어 있지만 오랫동안 축적된 에너지로 채워져 있다. 어린 시절부터 살면서 정들었던 곳을 오랫동안 떠나 있다가 다시 찾아와 그 곳에 섰을 때, 닫혀 있던 추억과 희망이 해방되어 그곳으로 흘러든다. 고향에서는 그저 그렇게 단순히 아는 사이였던 사람도 타향에서 만나면 전율이 일어날 정도로 뜨거운 기쁨이 솟구치게 된다. 단순한 인지는 우리가 인지되는 사물이나 인물과는 다른 것에 마음을 빼앗기고 있을 때만 일어난다. 인지란 인식의 중단이며, 그렇지 않으면 인식된 대상을 무언가 특별한 것의 수단으로 이용하도록 하는 의도의 것이다. 보는 것, 지각하는 것은 인지하는 것 이상의 작용이다. 지각이란 눈앞의 어떤 사물을 그것과 무관한 과거의 어떤 사물을 통해 식별하는 것이 아니다. 인식에서 과거는 현재 속으로 들어가 현재의 내용을 확장하고 심화하는 것이다. 외부적인 시간의 연속성이 생명의 질서와 경험의 조직화로 변화한다는 것이 여기서 예증된다. 신원 인지는 머리를 끄덕이며 지나가는 것이다. 또한 그것은 지나가는 어떤 순간의 경계를 정하고, 경험이 가득 채워져 있기만 한, 이를테면 경험의 사각지대를 나타내는 것이기도 하다. 모일 모시의 생활 과정이 단순히 계속되는 '이러저러한' 상황, 사건, 혹은 사물로 불리지 않을 수 없는 범위는 한 생명, 즉 의식적 경험의 정지를 시사하는 것이다. 이에 반해 개개의 별개의 형식에서 구체화된 지속성이야말로 의식적 경험의 본질이다.

그러므로 예술은 바로 생활 과정에서 예시된다. 내부의 육체적 압력이 외부의 소재와 협력하고, 따라서 그 욕구가 충족되고 외적 소재가 변형되어 하나의 정점을 이룰 때, 그때 새는 둥지를 짓고 비버는 둑을 짓는다. 우리는 '예술'이라는 말을 여기에 적용하는 데 주저할 수도 있다. 왜냐하면 그것이 의도에 의해 이루어진 것인지 의심스럽기 때문이다. 그러나 온갖 숙고와 의식적 지향은 여러 생득적인 에너지의 상호 활동을 통해 이미 유기적으로 수행된 일에서 생겨난다. 그렇지 않다면 예술은 허물어지기 쉬운 모래톱 위에, 아니 오히려 불안정한 허공 위에 세워지게 될 것이다. 인류의 탁월한 공헌은 자연에서 발견된 여러 관계들을 의식한 데 있다. 의식에 의해 인간은 자연에서 발견되는 인과 관계들을 수단과 결과의 관계로 바꾸고 있다. 아니 오히려 의식 그 자체는 그러한 변화의 단서가 된다. 단순한 충격은 일종의 유도가 되고, 저항은 현재의 물질적 배열을 변화시키는 데 소용되는 어떤 것이 되며, 하지만 원만한 편의smooth facilities라는 것은 어떤 착상을 실행하기 위한 기관들이 된다. 이러한 작용에서 어떤 유기적 자극은 의미의 운반자가 되며, 운동 반응들은 표현과 소통의 도구들로 변한다. 그 도구들은 더 이상 운동과 직접적 반응의 단순한 수단이 아니다. 그러나 유기적 기체organic substratum는 어떤 활동을 재촉하는 깊은 근저로 남아 있다. 자연의 인과 관계를 떠나서는 개념도 발명도 있을 수 없다. 동물계에서 보는 바와 같이 리드믹한 갈등과 완수라는 과정들의 관계를 떠나서는, 경험이란 것이 구상design도

전형pattern도 아니다. 조상인 동물로부터 계승되어온 기관을 떠나서는 이념이나 목적도 실현의 메커니즘을 갖지 못할 것이다. 원시 미술의 자연과 동물은 인간의 의도적 성취에 대한 소재이자 일반적으로 그 표본인 까닭에, 신학적 성향의 사람들이 의식적 의도를 자연의 구조에 귀속시켜온 것이다. 마치 원숭이와 비슷한 활동을 해온 인간이 으레 원숭이가 자기들의 행위를 모방하고 있다고 생각하는 것처럼 말이다.

예술이 존재한다는 것은 바로 추상적으로 서술되어온 것들에 대한 구체적 증거이다. 예술의 존재는 사람이 자기 생명을 확장시킬 의도로 물질이나 에너지를 이용한다는 증거이며, 또한 인간 자신의 기관, 즉 두뇌, 감각 기관, 근육 조직 등의 구조와 일치해 그것을 행한다는 증거이다. 예술은 생물의 특징이 되는 감각, 욕구, 충동, 활동 등의 총합을, 인간이 의식적으로 혹은 의미의 차원에서 복구할 수 있다는 데 대한 생생하고 구체적인 증거이다. 의식이 개입한다는 것은 규칙, 선택 능력, 배열이 거기에 더해지는 것이다. 이리하여 그것은 예술을 무제한으로 다양하게 변화시킨다. 그러나 의식의 이런 개입은 또한 *의식적 이념*으로서의 *예술의 이념*으로 인도하고, 인류 사상 최대의 지적 위업으로 인도하는 것이다.

그리스 예술의 다양성과 완전성은 사상가들로 하여금 예술의 일반적 개념을 형성하게 했으며, 소크라테스나 플라톤이 생각했던 정치와 도덕의 기술art과 같이 인간 활동의 조직화의 기술이라는 이상을 마음속에 그리게 하는 데까지 이르렀다. 디자인, 계획, 질서, 패턴, 목적 등의 개념은 그 실현에 이용되는 소재와 구별되어 나타나기도 하고, 또한 그것과의 관계 속에서 나타나기도 한다. 기술을 이용하는 자로서의 인간의 개념은 인간을 자연과 구별하는 근거인 동시에 인간을 자연과 결부시키는 연계의 근거가 되었다. 인간을 구별해내는 특징으로서의 기술의 개념이 명료해졌을 때, 인류가 금수의 영역으로 퇴보하는 일 없이, 신기술을 발명하는 능력은 과거의 기술을 토대로 확실히 인류의 주도적 이상이 되었다. 예술의 힘이 충분히 인식되지 않은 가운데 전통적 사고 방식이 구축되었기 때문에 이 사실에 대한 인지가 답보 상태일지라도, 과학 그 자체는 다른 여러 기술의 발생과 이용을 보조하는 하나의 중심적 기술에 지나지 않는다.[7]

순수 예술과 유용하거나 혹은 기술적인 예술을 구분하는 것은 관습적이며, 어떤 관점에서는 필요하기도 하다. 그러나 그것이 필요하다는 관점은 예술 작품 그 자체에는 외적인 관점이다. 이 구별이 습관적이라는 것은 다만 어떤 현존하는 사회적 조건의 용인에 근거하는 것이다. 나는 흑인 조각의 물신物神들이 그 종족에게는 가장 유용한 것으로, 창이나 의복보다 더 유용한 것으로 간주되었다고 생각한다. 그러나 이제 그것들은 진부해진 20세기 예술의 혁신에 영감을 줌으로써 예술 작품이 되었다. 그러나 오직 익명의 예술가들이 그 제작에 임해 충실하게 활동하고 있었고 경험하고 있었다는 이유에 의해서만 예술 작품이 된 것이다. 낚시꾼은 자기가 잡아 올린 물고기를 먹겠지만, 그렇다고 그가 낚싯줄을 드리우고 손맛을 느끼면서 잡을 때 경험했던 미적 만족이 손상되는 것은 아니다. 예술에서 미적인 것과 그렇지 못한 것을 구별해주는 것은 창작하고 감상하는 경험에서의 삶의 충실성 정도이다. 만들어진 사물이 그릇, 융단, 의복, 무기 등과 같이 사용할 목적으로 제작된 것인지 여부는 *본질적으*로 말해서 말하기 어려운 문제이다. 현재 사용할 목적으로 만들어진 많은 혹은 대부분의 물품과 집기들이 순수하게 미적이지 않다는 것은 불행하게도 진실일 수도 있다. 그러나 그것이 진실한 것은 '아름다운 것'과 그러한 '유용한 것'이 관련이 없다는 이유에서다. 제작 활동이 경험——거기서 온 생명체가 생동하고 향유함으로써 산 보람을 느끼는 경험——인 것을 저해하는 조건이 존재하는 경우, 항상 그 작품에는 미적인 무언가가 결여되어 있을 것이다. 그러한 작품은 특수하고 제한적인 목적에 아무리 유용하다 할지라도 궁극의 단계, 즉 직접적이고 자유롭게 생명을 확충하고 풍부하게 하는 단계에서는 유용하지 않을 것이다. '실용적인 것'과 '순수한 것'의 유리와 첨예한 대립의 경과(이야기)는 산업 발전의 역사이다. 거기서는 그토록 많은 생산이란 것이 일종의 퇴보된 생활을 초래했으며, 그 많은 소비라는 것도 타인들의 노동 결실에

편승한 향락을 초래하게 되었다.

보통, 환경 안에서 살아 있는 생명체의 활동과 예술을 연결하는 식의 예술에 대한 개념에는 어떤 적대적 반응이 따른다. 예술과 평범한 삶의 과정이 결합하는 것에 대한 반감은 일상적으로 영위되는 생활에 대한 감상적인 해석이요, 때에 따라서는 비통한 해석이기도 하다. 흔히 생활이 너무나 미숙하고 퇴화되었고 활발하지 못하고 힘겨울 뿐이기 때문에, 일상 생활 과정과 예술 창조나 향유 사이에 어떤 고유한 대립이 있다는 견해가 환대를 받는 것이다. 결국 '정신적인 것'과 '물질적인 것'이 단질되고 서로 내립될시라도, 그 이상理想이 구체화될 수 있고 실현될 수 있게 해주는 조건들이 있음에 틀림없다. '질료'가 의미하는 것이 근본적으로 바로 여기에 있는 것이다. 그런 까닭에 양자 대립의 사상이 유행한다는 것은 자유로운 생각들을 실행으로 옮기는 수단이 되기도 하는 것을 억압적인 부담으로 변환시키는 힘, 또한 이상으로 하여금 불확실하고 불안정한 분위기 속의 막연한 열망이 되게 하는 힘이 광범위하게 작용하고 있다는 사실을 입증한다.

예술 그 자체는, 물질과 이상의 융합이 실현되었으며, 따라서 결국 그 융합이 실현 가능한 것이라는 사실에 대한 최선의 증명이 되는 셈이지만, 그럼에도 일반적 논조는 양자가 대립한다는 견해를 지지하고 있다. 양자가 연계 가능한 경우라 해도, 그 모든 경우에 입증의 의무는 대립과 이원론을 주장하는 사람들의 몫이다. 자연은 인간의 모태이자 터전이다. 그것은 때로는 계모이거나 엄한 가정이기도 하다. 문명이 지속되고 문화가 계속된다는 그리고 때로는 발전한다는 사실은 인간의 희망과 목적이 자연에서 기초와 지지를 찾고 있다는 증거이다. 개체가 태아에서 성인으로 성숙하고 발달하는 것은 유기체와 환경이 상호 작용한 결과인 것과 같이, 문화는 허공 속에서 이루어진 혹은 바로 자기 자신들에게 이루어진 인간 노력의 소산이 아니라, 인간과 환경과의 장기간 쌓이고 쌓인 상호 작용의 소산이다. 예술 작품이 야기하는 감흥의 깊이는 이 지속적인 경험의 작용들과 예술 작품들과의 연속성을 보여준다. 작품과 그 감흥은 생활 과정들이 생각지도 않은 행복한 성과로 이어질 때 바로 그 과정들과 연속되어 있다.

자연미에의 몰입에 대해, 수천 명의 사람들이 어느 정도 반복한 것이지만, 허드슨W. H. Hudson이라는 일류 예술가가 말함으로써 유명해진 한 예를 인용하고자 한다.

생기 있게 자라는 풀밭이 보이지 않고 새소리나 시골의 소리가 들리지 않는 곳에 있을 때면 나는 온전히 살아 있다는 느낌이 들지 않는다 … 이 세계나 인생은 자신들이 사랑할 수 있을 정도로 유쾌하거나 재미있지 않으며, 자신들은 끝까지 냉정하게 세계나 인생을 바라본다고 사람들이 말하는 것을 들었을 때 나는 그들이 온전히 살아 있다고 생각하지 않으며, 그들이 하찮게 생각하는 세계도, 혹은 세계 안의 어떤 것도──풀잎 하나조차──명확하게 바라본 적이 없었다는 생각이 든다.

종교인이 황홀한 영적 교통이라 이름 붙인 것과 유사한, 미적 도취의 신비적 상태가 허드슨의 어린 시절에서 회상되고 있다. 그는 아카시아나무가 그의 마음에 준 인상을 말하고 있다.

깃털같이 가냘픈 나뭇잎이 달빛을 받아 하나의 특이한 회백색의 모습을 자아냄으로써 이 나무는 다른 나무보다 한층 활기차게 보이고, 나와 나의 현존을 더욱 의식하게 한다…. 그것은 어떤 사람이, 초자연적 존재가 임재할 때, 그리고 소리가 없고 보이지 않더라도 그 존재가 그를 물끄러미 쳐다보며 그의 마음속의 모든 생각을 간파하면서 자신이 그의 눈앞에 있다고 확신하게 만들 때 느끼게 되는 감정과 유사한 것이다.

보통 에머슨Ralph. W. Emerson은 엄격한 사상가로 간주된다. 그렇기는 하나 지금 인용한 허드슨에게 전적으로 동조하는 마음에서 다음처럼 말한 이는 바로 장년의 에머슨이었다.

구름 낀 날 황혼의 시간에 눈으로 질척거리는 헐벗은 공터를 가로지를 때, 마음속으로 특별히 행운이 일어나길 빌지도 않았는데, 나는 완전한 흥분을 만끽했다. 나는 그저 걱정스러울 정도로 기쁘다.

　이런 유의 다양한 경험들(이 같은 성질의 경험은 모든 자발적, 비강제적인 미적 반응 내에서 발견된다)을 설명하기 위해서는 생물과 그것의 환경의 원시적인 관계 내에서 획득된 기질의 공명, 명확한 지성적 의식에서는 돌이키기 어려운 이 공명에 근거해 행하는 것밖에 달리 방법이 없다. 이러한 종류의 경험들에 의해 우리는 자연적 연속성을 입증하는 진전된 고찰로 나아갈 수 있다. 감각적인 직접 경험은 본래 즉, 추상적으로 '관념적', '정신적'이라는 말로 표현되는 의미와 가치를 자기 안에 흡수하지만, 이 흡수력은 무한하다. 허드슨의 유년 시절 기억 속에서 구체적으로 제시된 종교적 경험의 물활론적인 경향은 경험 단계의 한 예이다. 어떤 표현 방법을 사용하든 시적인 것은 항상 물활론적인 것과 밀접한 근친 관계에 있다. 그리고 여러 가지 의미에서 시와 정반대되는 예술인 건축으로 눈을 돌리면 우리는, 처음에 아마도 수학적 사유와 같이 고도로 기술적技術的인 사유로 나타났을 이념이 어떻게 감각적 형식 안에 직접 구체화되는가를 알게 된다. 사물의 감각적sensible 표면은 결코 단순히 표면이라 할 만한 것이 아니다. 우리는 바위와 얇은 휴지를 표면만으로도 구분해낼 수 있다. 만졌을 때의 저항감과 전 근육 조직의 압박에서 오는 딱딱한 느낌이 시각 속에서 구체화되기 때문이다. 이 과정은 사물의 표면에 의미의 깊이를 더하고 있는 시각 이외의 감각적 성질이 거기에서 구체화되는 것에만 머무르지는 않는다. 사람이 사고라는 최고의 비상으로 도달한 적이 있거나, 어떤 예리한 통찰로 꿰뚫어본 적이 있는 것은 그 어떤 것도 감각의 중심이자 핵심이 되지 않는 것이 없다.

'상징'이라는 용어도 수학에서와 같이 추상적 사고의 표현을 지시하는 데 사용되며, 또한 높은 사회적 가치, 역사적인 신앙, 신학적 신조 등의 의미를 표명하는 국기, 십자가 같은 사물을 지시하는 데도 쓰인다. 방향芳香, 스테인드 글라스, 눈에 보이지 않는 종의 음향, 수를 놓은 승복들은 접신接神의 느낌을 수반한다. 제祭 예술의 기원과 원시적 제의의 결합은 인류학자가 하는 과거로의 답사에서 더욱 명확해진다. 지나간 시간의 실제 경험에서 멀어져 그 의미를 놓친 사람들만이 제례나 의식은 단지 비, 자손, 수확, 전승 등을 기원하는 기술적技術的 방책들에 지나지 않는다고 단정할 것이다. 물론 그 제의나 의식들은 마술적 의도를 가지고 있다. 그러나 그것들은 실제로는 모두 수포로 돌아갔음에도 불구하고 꾸준히 되풀이하여 행해졌다고 우리는 확신한다. 왜냐하면 그것들은 생활 경험을 직접 고양시키는 것이었기 때문이다. 신화는 과학적으로 원시인의 지적 논문 이상의 그 무엇이었다. 미지의 사물에 직면할 때의 불안감이 의심할 것도 없이 역할을 했던 것이다. 그러나 오늘날과 마찬가지로 과거에도 이야기를 기뻐하고, 재미난 가공적 이야기의 발전과 해석을 기뻐하는 마음이 민간 전승에 주요한 역할을 했다. 정서도 감각의 한 양식이지만, 직접적인 감각 요소는 관념적 내용을 흡수하는 것일 뿐만 아니라, 물리적 장치에 의해 부과된 특수한 훈련과는 달리 단지 지적인 온갖 것을 극복하고 소화하는 것이기도 하다.

초자연적인 요소를 신앙으로 끌어들이는 것과 너무도 인간적인 모든 것을 초자연적인 것으로 쉽게 전환해버리는 것은 과학적 설명이나 철학적 해명보다는 오히려 예술 작품 창작과 관계된 심리학의 문제이다. 그것은 정서적 감동을 심화시키고 흥미를 고조시켜 친숙한 일상에 분기점을 만드는 것이다. 인간의 사고에 미치는 초자연적인 것의 영향력이 전적으로 혹은 주로 지적인 문제일 뿐이라면, 그것은 별로 큰 의미를 갖지 못할 것이다. 신학과 우주개벽설은 인간의 상상력을 부추겼다. 왜냐하면 그것들은 장엄한 행렬, 방향, 수놓은 승복, 음악, 색색의 조명, 외경의 생각을 낳게 하고 망아적忘我的 찬미를 환기하도록 하는 이야기들을 수반해왔기 때문이다. 즉, 그것들은 감각과 감각적인 상상력에 직접적으로 호소함으로써 사람의 마음으로 다가왔다. 대부분의 종교는 그들의 성례를 최고의 예술적 성취와 동일시해왔으며, 가장 권위 있는 신앙은 직접 이목을 즐겁게 하는 동시에 깊은 불안, 경이, 외경의 정서를 야기하는 장엄하고 화려한 의복을 입었다. 오늘날 물리학자나 천문학자의 정신적 비상은 합리적 해석을 내리기 위한 비정서적인 실증을 구하는 엄격한 요구에 응하는 것이라기보다는 오히려 상상력의 만족이라는 미적 요구를 충족시키는 것이다.

헨리 애덤스Henry Adams는 중세 신학이 성당 건립과 동일한 의도로 이루어진 것이라고 밝혔다. 최고조로 영화靈化된 이념을 흡수하는 감각 능력의 표명이야말로 일반적으로 중세 서구에서 기독교 신앙의 극치를 표현한 것으로 간주되었다. 과학이나 학문과 마찬가지로 음악, 회화, 조각, 건축, 드라마, 소설 등이 종교의 시녀 역할을 했다. 교회 밖의 예술이란 거의 존재하지 않았으며, 교회 의식과 제례는 최대한의 정서적, 상상적 매력으로 부여하는 조건 아래 만들어진 예술이었다. 왜냐하면 이 예술을 접한 사람들이 영원한 영광과 축복을 얻는 데 필요한 방법을 체득하고 있다는 확신 이상의 격한 심취를 예술 이외의 무엇이 그들에게 줄 수 있을지 난 알지 못하기 때문이다.

이런 맥락에서 페이터Walter Horatio Pater의 다음 말은 인용할 만한 가치가 있다.

중세 기독교는 부분적으로 그것의 심미적인 아름다움에 의해 번창했다. 도덕 혹은 영적 감정에 대해 갖가지 감각적 심상들을 가지고 있었던 라틴 찬미 작곡자들이 깊이 공감하고 있었던 것이 바로 이 아름다움이라는 것이었다. 열정의 출구가 봉쇄되면 신경의 긴장이 생기는데, 거기서 감각적 세계는 찬란한 광채와 구원과 합일한다. 그리하여 모든 붉은 것은 피가 되고, 물은 눈물이 되었다. 모든 중세의 시가(詩歌)에서 감각은 극도로 왜곡되었으며, 자연물은 기괴한 열광적 역할을 맡기 시작했다. 자연물들에 대해 중세 사람들은 깊은 감각을 가지고 있었으나, 그 감각은 객관적이지도 않았고, 우리 외부 세계로의 현실적인 도피처도 아니었다.

자서전적 에세이《집의 아이 *The Child in the House*》에서 페이터는 위의 인용문에서 시사된 것을 부연해 개괄한다.

수년 후 그는 철학에 뜻을 두었는데, 그는 인간의 지식에서 감각적 요소와 관념적 요소의 비중과 비율에 마음이 끌렸다. 그리고 그의 지식 구조에서 추상적 사상의 여지는 없었으며, 감각적 매개, 동기에는 많은 것이 할당되기에 이르렀다.

후자는 "어떠한 사물 지각의 필수적인 동반자가 되었으며, 그의 사고의 집house of thought 안에서 어떠한 관록과 존경을 얻기에 족한 진실한 것이었다… 그는 점점 현실의 육체 속에서가 아니면 영혼을 돌볼 수도 없고 생각할 수도 없게 되었으며, 물과 나무들이 있고 그저 그런 얼굴로 서로 손을 잡고 있는 남녀가 사는 그런 곳에서가 아니면 어떤 세계도 생각할 수 없게 되었다." 관념을 직접 감각 이상으로 고양시키는 것은 관념을 창백하고 혈기 없는 것으로 보이게 하는 것일 뿐만 아니라, 관능에 마음을 두는 자와 같이 직접 경험의 온갖 사물을 빈약하게 하여 격하시키게 된다.

나는 이번 장의 제목에서 철학자들이나 비평가들──정신적, 영속적, 보편적 특징들로 말미암아 이해하기 힘들어하는, 따라서 자연과 정신이라는 이원론을 예시하고 있는──이 제기하는 의미와 가치들을 지시하기 위해 '천상의 것ethereal'이라는 용어를 키츠에게서 임의로 차용했다. 그의 말을 여기서 재인용해본다. 예술가는 "일월성신 혹은 지구나 지상의 여러 가지를 그보다 너 위대한 것, 즉 천상의 것──창조주가 몸소 만든 것보다도 더 위대한 것──을 만들어내는 소재"로서 바라볼 수 있을 것이다. 키츠를 인용함에 있어 그가 예술가의 태도와 살아 있는 생명체의 태도를 동일시했다는 것, 그리고 그가 그것을 시의 취향으로서 암시하고 있을 뿐만 아니라 그것을 의식하고 반성한 후 분명히 언어로 표현하고 있는 것에 나 또한 공감하는 바이다. 그는 자기 형제에게 보낸 편지에 다음과 같이 썼다.

매와 같은 본능과 자신의 목표물에서 흔들리지 않는 눈으로 살아가는 것이 인간의 아주 위대한 부분이다. 매나 사람이나 짝을 원한다. 이들 둘을 보라. 둘 다 동일한 방식으로 시작하여 상대를 획득한다. 둘 다 둥지를 필요로 하며, 동일한 방식으로 시작한다. 둘 다 동일한 방식으로 먹이를 획득한다. 고상한 동물인 인간은 담배를 즐기지만, 매는 구름 속에서 균형을 잡는다. 이것은 그들의 여가의 유일한 차이점이다. 이것이야말로 사색적인 사람에게 삶의 재미를 주는 것이다. 들판에 나가 걷다 보면 담비나 들쥐가 질주하는 것을 보게 된다. 그것들은 무엇을 위해 질주하는 것일까. 생명체는 목적을 갖고 있고, 그의 눈은 목적으로 말미암아 빛난다….

여기서까지 내가 가장 인간적인 동물처럼 본능적 과정을 추구하고 있다 할지라도, 나는 어떤 주장이나 견해의 의의를 이해하지 못한 채, 암흑 가운데서 희미한 빛을 구하나 비록 어리지만 이것저것 글을 쓰고 있는 것이다. 그러나 내가 여기서 흠 없다 할 수 있을까? 내가 담비의 민첩함이나 사슴의 불안감을 보고 즐기듯이, 본능적이기는 하나 나의 정신이 빠져들 수도 있는 우아한 태도로 즐거워하는 훌륭한 존재란 없는 것일까? 길거리에서 벌어지는 싸움은 혐오감을 주지만, 그럼에도 불구하고 거기서 발휘되는 에너지는 볼 만하다. 가장 평범한 남자가 싸울 때도 기품이 있는 것이다. 초자연적 존재가 본다면 우리의 추리라는 것에서 이것과 마찬가지의 느낌을 받을 수 있다. 오류가 있다 하더라도 그것들은 나름대로 훌륭할 수 있을 것이다. *이는 시가를 구성하는 데 진수가 아닐 수 없다.* 거기에는 추리도 있지만, 추리는 동물의 지체나 운동과 같이 본능의 형식을 취할 때 시가 되며, 아울러 아름답고 기품이 있다.

또 다른 서한에서 그는 셰익스피어를 두고 위대한 "부정적 능력negative capability"의 소유자라고 말한다. "사실과 논거를 성급하게 추구하지 않고 불확실성과 미스터리, 의혹의 상태에 안주할 수 있는" 사람이라고 말한다. 그는 이런 점에서 자기와 동시대인인 콜리지를 셰익스피어와 대비시키고 있다. 콜리지는 시적 통찰력이 애매할 때 그것을 포기하는데, 이는 그가 그것을 지적으로 용인할 수 없었으며, 키츠가 말하는 *일지반해—知半解, half-knowledge*, 즉 어설픈 이해로는 만족할 수 없었기 때문이다. 키츠가 베일리에게 보낸 편지에도 같은 생각이 포함되어 있다고 보인다. 그는 "어떤 사태가 진리인가 아닌가가 연속적 추론에 의해 어떻게 진리로 규명될 수 있는지 결코 인식할 수 없었니…. 최고의 철학자들조차 많은 반대를 물리치지 않고서 그 목적에 도달하는 것이 가능할까"라고 진술하고 있다. 요컨대 추론자 또한 반성에 의해 야기되는 반대에 반하여 자기의 '직관', 곧 감각적, 정서적 직접 경험 속에서 나타나는 것은 신뢰할 수는 없지 않은가 하는 것이지만, 나는 이 말 속에도 동일한 견해가 포함되어 있다고 생각한다. 왜냐하면 그가 "순수한 상상적 *마인드*의 사람은 아주 갑자기 *정신*에 끊임없이 닥쳐오는 그 자신의 무언의 활동을 부단히 반복하는 데서 그 보상을 받을 것"이라고 계속해서 말하고 있기 때문이다. 그의 이 일언—틀이야말로 뭇 논문들에서는 볼 수 없는 무수한 창조적 사고의 심리적 고찰을 포함하고 있다.

키츠 진술의 생략적 특성에도 불구하고 두 가지 요점이 나타난다. 첫째, '추리reasoning'는 야생 동물이 목표물을 향해 하는 운동과 비슷한 기원을 가지고 있으며, 자발적이고 '본능적'이며, 본능적일 때 감각적이고 직접적이고 시적詩的이라는 확신이다. 둘째, 이 확신의 다른 면은 그가 추리로서의 '추리', 즉 상상력과 감각을 배제한 추리에 의해서는 진리에 도달할 수 없다고 믿고 있다는 것이다. '가장 위대한 철학자'에게서조차 사색을 결론으로 이끄는 데서 동물적인 좋고 싫음이 개입된다. 그는 상상력이 풍부한 감정의 흐름대로 취사선택한다. 최고의 '이성'은 완전한 이해와 자기 충족의 확실성에 도달할 수 없다. 그것은 상상력에 의존하지 않을 수 없으며, 관념을 정서적 감각 안에 구체화하는 작용을 신뢰하지 않을 수 없다.

아름다움은 진리, 진리는 아름다움이라고──이것이
그대들이 이 세상에서 알고, 알 필요가 있는 전부니라.[8]

위에서 본 키츠의 유명한 시구와, "상상이 미로 파악되는 것은 진리임에 틀림이 없다"라는 비슷한 유형의 진술에서 그가 무엇을 의미하는지에 관해 많은 논쟁이 있어왔다. 그 많은 논의는 키츠가 글쓰기를 하면서 '진리'라는 말에 의미를 부여한 특이한 관용을 몰라서 생겨난 것이다. 여기서 '진리'는 사물에 대한 지적 서술의 정확성을 의미하는 것이 결코 아니며, 또한 과학적인 의미의 그것도 아니다. 그것은 인간 삶의 지주가 되는 지혜, 특히 '선악의 지식the lore of good and evil'을 가리킨다. 그리고 키츠의 마음속에서 진리는 가득한 악과 파괴에도 불구하고 선善을 정당화하고 신뢰하는 문제와 특별히 연관돼 있었다. '철학'이란 이 문제에 합리적으로 답하고자 하는 시도이다. 철학자들조차 상상적 직관에 의존하지 않고는 그 문제를 다룰 수 없다는 것이 키츠의 신념이며, 이 신념은 '미'와 '진'의 동일시 속에 어떤 독립적이고 논증적인 진술을 받아들인다. 여기서 진이란, 생명이 초월성을 주장하고자 분투하는 바로 그 세계에서 파괴와 죽음이라는 지난한 문제, 늘 키츠의 마음을 짓누르는 이 문제를 해결하는 특정한 진리이다. 사람은 억측, 신비, 불확실성의 세계에서 살고 있다. '추리'는 인간에게 유용하지 않다──물론 이것은 신성한 계시의 필요성을 고집해온 사람들이 오랫동안 가르쳐온 교설이다. 그러나 키츠는 이성에 대한 이러한 보조물이나 대용물을 용인하지 않았다. 상상력의 통찰이면 충분하다. "이는 당신들이 세상에서 알고 있는 모든 것, 그리고 알아야 할 모든 것이다." 중요한 것은 '세상에서'라는 말이다. 이는 '사실과 논거를 따라 성급하게 도달하는 일'이 사태를 명확하게 하기보다는 혼란과 왜곡을 가져오는 정황을 의미한다. 키츠가 극도의 위로와 깊은 확신을 찾은 것은 매우 강렬한 미적 지각의 순간에서였다. 그의 시[9] 말미에 언급된 사실이 바로 이것이다. 궁극적으로 두 가지 철학이 있을 따름이다. 그중 하나는 그 모든 불확실성, 신비, 회의, 어중간한 지식에도 불구하고 삶과 경험을 받아들이며, 그 자체의 성질들을 심화하고 강화하기 위하여——상상력과 예술에 대하여——그 경험을 자신에게 향하도록 하는 것이다.

제3장

하나의 경험을 갖는다는 것

경험은 지속적으로 발생한다. 살아 있는 생명체와 환경 조건의 상호 작용이 생활 과정에 내포되어 있기 때문이다. 저항과 갈등의 상태에서는 이 상호 작용에 내포된 자아와 세계의 양상이나 요소가 정서와 관념으로써 경험을 규정해서 거기에서 의식적인 의도가 발생한다. 그러나 경험을 가졌더라도 그것은 때로 불완전하다. 사물들을 경험한다 하더라도 그것이 *하나의 경험*으로 구성되기에는 미흡한 점이 있다. 주의가 산만해지고 마음이 어지러워지기도 한다. 우리가 관찰하고 생각하는 것, 바라고 얻는 것 등이 서로 일치하지 않는다. 우리는 쟁기질하다가 날을 접기도 하며, 일을 시작했다가 멈추기도 하는데, 이는 경험이 처음의 목적에 이르렀기 때문이 아니라, 외부로부터의 장애나 내면의 무기력 때문이다.

그러한 경험과는 반대로, 경험되는 내용이 순조롭게 완성에 다다를 때 우리는 *하나*의 경험을 갖는다. 그럴 때만 경험은 내면적으로 완성되고, 경험 전체의 흐름 속에서 다른 경험과 구별된다. 작품 하나가 아주 만족스럽게 종결되며, 한 가지 문제가 해결되고, 게임이 최후까지 진행된다. 또한 음식을 먹는 것, 장기를 두는 것, 대화를 나누는 것, 글을 쓰는 것, 정치 운동에 참여하는 것 등의 정황이 종료되면서, 그 종국은 하나의 정지가 아닌 하나의 완성이 되는 것이다. 그러한 경험은 하나의 통일체a whole이며, 그 자체의 개별적 성질과 자족성self-sufficiency을 갖춘 것이다. 즉 그것은 *하나*의 경험이다.

철학자들이 언급하는 경험은 대체로 경험 일반이다. 경험론 철학자가 말하는 것이라 하더라도 일상 용어로서의 경험은 시작과 끝이 있는 단수의 경험을 말하는 것이다. 왜냐하면 삶은 아무런 방해를 받지 않는 한결같은 행진이나 흐름이 아니기 때문이다. 삶은 역사의 일단으로, 그 자체의 플롯을 가지고 있으며, 발단을 가지고 종국을 향해 발전해나가며, 독특한 율동이 있는 작용을 가지며, 침투해 들어가되 반복하지 않는 성질이 있다. 계단을 오르는 일은 기계적인 일이기는 하지만 획일적인 진행이 아닌 개별화된 스텝들에 의한 것이며, 하나의 경사면이라는 것도 적어도 갑작스럽게 솟은 다른 것과는 구별된다.

이렇게 활동적인 의미에서의 경험은 우리가 자연스럽게 '실제 경험'이라 말하는 경우나 사건, 즉 우리가 무엇을 회상하여 '그것은 하나의 경험*이었다*'라고 말할 때의 바로 그것이다. 한때 친했던 사람과의 싸움이나, 결국 간발의 차로 비켜 간 재난과 같이 아주 중대한 일일 수도 있으며, 혹은 비교적 사소한 것일 수도 있다. 그것은 아마도 비교적 하찮은 것이었을 수도 있으며, 바로 그 하찮음 때문에 하나의 경험이라는 것이 무엇인지를 더 잘 설명해주고 있는지도 모른다. 파리 레스토랑에서의 식사를 두고 '그것은 〔좋은〕 경험*이었다*'고 말하는 사람이 있다. 그 경험은 이 식사가 어떤 것이었는지에 대한 살아 있는 기억으로서 계속 마음에 남아 있을 것이다. 또한 대서양 횡단 중에 폭풍우를 만났다 하자. 그 폭풍우는 경험된 격렬함 속에서 그 자체로 완전한, 즉 그것에 앞서 일어난 일과 그 후에 일어난 일과는 확연히 구별되는 까닭에 오래까지 기억에 남을, 그 모두가 본질적으로 집약된 것으로 보이는 것이다.

그러한 경험에서는 모든 연속적 부분이 이음매도 없고 공백을 만들지도 않은 채 잇따르며 자유롭게 흐른다. 동시에 부분들의 자기 정체성을 상실하는 일도 없다. 강은 연못과 달리 흐른다. 그러나 이 흐름은 연못의 정태적 특징에서 주어지는 것보다 한층 더한 명확성과 흥미를 그 연속적 특징에 부여한다. 경험에서 흐름은 무언가로부터 무언가로 흘러가는 것이다. 한 부분이 또 다른 부분으로 유입되고 하나의 부분이 앞서 있었던 부분을 계속 따라 함으로써 각각의 부분은 그 자체의 개별성distinctness을 획득한다. 그 지속적인 통일체는 다양한 짜임새를 강조하고 있는 계속적 양상에 의해 다양하게 변모하는 것이다.

우리가 *하나*의 경험을 하는 경우 연속적인 융합이 일어나고, 따라서 간헐間歇도 없으며, 기계적인 접합점도 없고, 부동의 중심들도 없다. 중지나 휴식의 장소가 더러 있지만, 그것들은 운동의 성질에 구획을 짓고 그것을 명확히 해준다. 그것들은 예전부터 지금까지 겪어온 것을 집약하고, 그것의 분산과 헛된 증발을 방지한다. 부단히 가해지는 가속도는 숨가쁠 정도며, 여러 부분들의 분할을 저지한다. 하나의 예술 작품 속에서 다양한 행위들, 에피소드들, 사건들이 결집되고 융합해 단일체가 되지만, 그렇다고 해서 그 자체의 특성이 사라지거나 상실되지는 않는다. 정다운 대화 속에서 교제와 융합이 계속 이루어지지만, 각각의 화자는 자기 자신의 성격을 유지할 뿐만 아니라 평소보다 자신의 성격을 더욱 명확히 표명하는 것처럼 말이다.

경험에는 하나의 통일성이 있어, 경험에 '그 식사', '그 폭풍', '우정의 결렬'이라는 이름을 부여한다. 이 통일성의 존재는 경험을 구성하는 부분들의 다양성에도 불구하고 그 경험 전체에 충만한 하나의 단일 성질로 구성된다. 이 통일성은 정서적이지도 않고 실천적이지도 않고 또한 지적이지도 않다. 이 말들은 반성이 자기 입장에서 이룰 수 있는 구별의 명칭들이기 때문이다. 하나의 경험에 *대해* 논술하는 경우, 우리는 그 해석에 이러한 형용사들의 해석을 이용해야 한다. 어떤 일이 일어난 후 하나의 경험을 고찰해보면, 우리는 다른 성질보다 어떤 성질이 월등히 지배적이어서 전체의 경험적 특성을 이루고 있다는 것을 깨달을 것이다. 과학자나 철학자가 강조의 의미로 '*경험들*'이라 부를 만한 흥미로운 연구나 사변들이 있다. 궁극적인 의미에서 그것은 지적知的이다. 그러나 그것들 역시 실제 발생할 때는 지적임과 동시에 정서적이며, 목적적이고 의지적인 것이다. 그러나 경험은 이것들의 다양한 특징들의 총합이 아니며, 그 다양한 특징들은 변별적 자질들로서 경험 안에 묻힌다. 어떤 사상가가 본질적으로 해볼 가치가 있는 전체적으로 완전한 경험들에 의해 매혹되거나 보람을 얻는 것이 아니라면 자기 일에 그토록 정진할 수 있겠는가. 그러한 통합적 경험이 없다면 사상가는 정말로 사유가 무엇인지를 알 수 없으며, 그리고 진짜 사상과 가짜 사상을 구별할 수 없을 것이다. 사유는 관념들의 연속 안에서 이루어진다. 그러나 그 관념들은 분석 심리학에서 말하는 관념이 아니라 그 이상의 것이라 하나의 계속성을 형성한다. 관념들은 발전 중인 기초적 성질의, 정서적, 실제적으로 현저한 국면들을 말한다. 또한 관념들은 이런 성질의 주된 변화들로서 로크나 흄의 이른바 관념이나 인상과 같이 유리되거나 독립적인 것이 아니라, 널리 침투하고 퍼져 들어가는 색조의 미묘한 농담 변화와도 같은 것이다.

우리가 하나의 결론에 도달하거나 혹은 결론을 도출해내는, 사고thinking라는 경험에 대해 말해보자. 사고 과정의 이론적 공식은 종종 '결론'과, 발전해가는 모든 완전한 경험이라는 절정 국면과의 유사성을 교묘히 감추는 것과 같은 방식으로 만들어진다. 이러한 공식화들은 인쇄할 경우 나타나는 것처럼 전제를 이루는 개별적 명제와 또 결론이 되는 명제들에서 그 단서를 명확히 취한다. 그로부터 우리는 이미 만들어진 처음 두 개의 개별적 실재들을 조작해 제3의 것을 만들어내는 듯한 인상을 받는다. 그러나 실제 '사고'라는 경험에서는 하나의 결론이 명백해질 때만 전제가 발생한다. 폭풍의 격렬함이 절정에 이르다가 이윽고 서서히 잠잠해지는 것을 보는듯한 경험은 중점 내용의 지속적 진행의 하나이다. 폭풍이 몰아치는 대양처럼 경험에도 계속되는 파도들이 있다. 착상들이 밀어닥쳐 오다가 부딪쳐 포말로 부서지며, 또한 함께 밀어닥치는 파도에 떠밀린다. 어떤 결론에 도달한다는 것은 예상과 축적이라는 운동의 종결이며, 결국 완성에 이르는 운동이다. 하나의 결론은 개별적인 것이거나 독립적인 것이 아니다. 그것은 운동의 완성이다.

그러므로 사고라는 경험은 그 자체의 미적 성질을 지니고 있다. 그것은 일반적으로 미적인 것으로 인정되는 경험과는 다르지만, 다만 그 소재material가 다를 뿐이다. 예술의 소재는 성질들로 이루어져 있다. 지적인 결론을 가지고 있는 경험의 소재는 기호나 상징이다. 기호나 상징은 그 자체로는 본질적 성질을 가지고 있지 않지만 또 다른 경험에서는 질적으로 경험될 수도 있는 것들을 나타낸다. 양자의 차이는 지대하다. 음악은 만인의 사랑을 받는 데 반해, 엄밀한 지적 기술은 그렇지 못한 것도 부분적으로는 이 때문이다. 그럼에도 불구하고 경험 그 자체에는 만족할 만한 정서적 성질이 있다. 왜냐하면 그것은 질서 있는 조직적인 운동을 통하여 도달한 내적 융합과 완성을 가지기 때문이다. 이러한 예술적 구조가 직접적으로 느껴질 수도 있다. 그런 경우 그것은 미적이다. 더욱 중요한 것은, 이 정서적 성질이 지적인 탐구를 수행하는 깃으로서 이 탐구를 정당화하는 데 하나의 중요한 계기일 뿐 아니라, 탐구가 이 성질로 완성되지 않는다면 어떠한 지적 활동도 하나의 통합적 사건(즉, *하나의 경험*)이 되지 못한다는 것이다. 성질이 없다면 사고도 결론에 도달할 수 있는 것이 아니다. 요컨대 미는 지적 경험과는 두부 자르듯 유리될 수 없다. 그 이유는 지적 경험 그 자체가 완전해지기 위해서는 미적인 특징을 갖고 있어야 하기 때문이다.

아주 실제적인 행위, 즉 명백한 행동들로 이루어진 행위의 과정에도 동일한 진술이 적용될 수 있다. 유효한 활동에도 의식적인 경험이 수반되지 않는 경우가 있다. 그 활동은 너무나 자동적이어서, 그것이 어떤 활동인지, 또 어떻게 될 것인지 의식의 개입을 허용할 수가 없다. 이러한 행위는 종말에 이르더라도 의식 내의 종국이나 완성적 경지에는 이르지 못한다. 또한 장애물들이 기술적으로 극복되지만 그것이 경험을 부양하는 것은 아니다. 고전 문학에 나오는 망령처럼 불확실하고 우유부단하게 행위를 주저하는 사람들이 있다. 무목적성과 기계적 효율성이라는 양극단 사이에는, 계속적인 행위들을 통하여 의미가 심화되고 보존되고 축적되어, 어떤 과정의 완성으로 간주되는 종국에 도달하는 그런 활동이 있다. 카이사르나 나폴레옹같이 위정자로 변신한 장군들이나 성공적인 직업 정치인들은 신변에 얼마간 쇼맨십 같은 것을 지니고 있다. 이것 자체로는 예술이 아니다. 그러나 그것은 (그것이 단지 유효하다고 하는 경우와 같이) 관심이 자체에 의해서만 발생된 결과에 의해 오로지, 혹은 주로 나타나는 것이 아니라, 어떤 과정의 성과로 온다는 하나의 증거라고 생각한다. 하나의 경험을 수행하는 데는 관심이 개재한다. 그 경험이라는 것이 세계에 해로울지도 모르며, 그것을 완성하는 것이 바람직하지 않을지도 모르지만 그것에도 미적 성질이 있는 것이다.

선한 행위를 비례, 우아, 그리고 조화를 가진 어떤 행위와 동일시하는 고대 그리스인들의 *선미善美, kalon-agathon*라는 것은, 도덕적 행위 특유의 미적 성질의 한층 명백한 예이다. 일반적으로 도덕으로 간주되는 것의 중대한 결점은 거기에 미적이지 않은 성질anesthetic quality이 존재한다는 것이다. 도덕은 진심의 행위를 보여주는 대신, 의무의 요구에 마지못해 양보하는 형식을 취한다. 그러나 이 설명들은, 어떠한 실제 활동도, 그것이 통합되어 있고 자체의 추동력으로 완성을 향해 나아가는 경우에는 미적 성질을 지니고 있다는 사실을 희석시킬 뿐이다.

시험적으로 한 개의 돌이 언덕 아래로 굴러 떨어지고 있는 경우를 상상해보자. 그리고 이 돌이 어떤 경험을 얻는다고 가정해보자. 이런 가정이 일반적 해설을 이룰지도 모른다. 그 활동이 '실제적'이라는 것은 확실하다. 그 돌은 어디에선가 움직이기 시작하여, 정지할 위치와 상태를 향해, 즉 종점을 향해 움직인다. 이러한 외적 사실에 더하여 이같이 상상해보자. 즉, 그 돌이 최종적인 결과를 염원하고 있으며, 구르는 도중에 나타나는 사물들과 종착점을 향한 운동을 촉진하기도 하고 저지하기도 하는 조건들에 흥미를 갖는다는 생각을 말이다. 돌은 위의 조건이 부가되는 방해나 원조의 작용에 따라 그 조건들을 행하거나 느끼며, 최후의 종점에 도달한다는 것은 계속적 운동의 정점으로서 그것에 선행하는 온갖 사건과 관련이 된다. 이렇게 상상할 경우 이 돌은 하나의 경험을 하며, 그것도 미적 성질을 가진 경험을 한다고 말할 수 있을 것이다.

이러한 상상적인 경우에서 우리의 다른 경험으로 눈을 돌리면, 우리는 우리 경험의 상당 부분이 앞의 상상의 조건들을 충족시키는 어떤 경험보다는 실제 돌에서 일어나는 것과 같은 경험에 더 유사하다는 것을 알 수 있을 것이다. 왜냐하면 많은 경험 속에서도 우리는 하나의 사건과 그 선행 사건 그리고 후속 사건과의 관련에 관심을 갖지는 않기 때문이다. 깊이 행동하는 경험 속에서 조직할 수 있는 것을 조심스럽게 취사선택하는 것을 조절하는 데는 관심이 없다. 다양한 사건이 일어나더라도 그것들이 명확히 포함되는 것은 아니며 단호하게 배척되는 것도 아니다. 우리는 그저 표류하고 있는 것이다. 우리는 외부의 압박에 따라 굴복하고, 혹은 피하고, 혹은 타협한다. 거기에는 시작과 중단이 있지만, 진정한 단초나 완결은 없다. 하나의 사물은 또 다른 사물을 차지하지만, 그것을 흡수하는 것이 아니며 그것을 계속 지탱하는 것도 아니다. 거기에 경험이 있지만 그것은 아주 산만하고 느슨하여 도저히 '하나의 경험'이라 할 수가 없다. 말할 필요도 없이 그러한 경험들은 비非미적인 것이다.

이와 같이 비미적인 경험은 두 가지 한계 내에 놓여 있다. 한편에서는 어떤 특정 위치에서도 시작하지 않고 어떤 장소에서도 종결되지 않는—결국 중단하지 않는다는 의미—느슨한 지속이다. 다른 쪽 극한을 이루는 것은, 결박되고 제한되어 있어 부분들이 서로 기계적으로만 연결되는 진행이다. 이러한 두 종류의 경험 모두 두루 존재하는 까닭에, 이것들은 무의식에 의해 온갖 경험의 전형으로 간주되고 있다.

거기서 미가 발생할 때는, 형성된 상황과 경험 간의 대조가 너무 커서, 경험 외의 장소나 지위에서 온 미적 성질과 앞서 서술한 경험의 성질을 결합하는 것이 불가능하다. 두드러지게 지적인 경험과 실천적인 경험에 주어진 그 설명에 의해 알 수 있는 것은, 경험을 갖는 데는 그러한 대립이 존재하지 않으며, 반대로 어떠한 종류의 경험도 그것이 미적 성질을 갖지 못하는 한 통일적 존재는 아니라는 것이다.

미적인 것의 적은 실천적인 것도 아니고 지적인 것도 아니다. 오히려 그것은 진부하고, 목적이 느슨하여 방만하고, 실천과 지적인 활동에서 인습에만 의존하는 것이다. 한편으로 엄격한 금욕, 강압적인 복종, 옹색함, 그리고 다른 한편으로 낭비, 무질서, 맹목적인 탐닉 등은 경험의 통일성과는 정반대되는 방향으로 일탈하는 것이다. 아마도 이러한 사항들로 말미암아 아리스토텔레스는 덕성virtue과 심미esthetic라는 것 둘 다를 규정하는 데 적절한 말로 '균형의 중용mean proportional'을 생각해냈을 것이다. 이것이 형식적으로는 지당하다. 그러나 '중용'과 '균형' 그 무엇도 자명한self-explanatory 것이 아니며, 이전의 수학적 의미로 이해될 수 있는 것도 아니다. 이것은 그 자체의 완성을 목표로 진행하고 발전하는 경험의 특징들이다.

나는 모든 완전한 경험이란 하나의 결말과 종결을 향해 나아간다는 사실을 강조해왔다. 그러한 경험은 그것에 작용하는 힘이 자기 본래의 임무를 수행할 때만 종결되기 때문이다. 이러한 에너지 순회의 종결은 억류arrest와 *정지/stasis*와는 상반되는 것이다. 성숙과 고착은 정반대의 것이다. 투쟁과 갈등은, 비록 고통스럽더라도 그것들이 하나의 경험을 발전시키는 수단들로 경험된다면 그 자체로 향유될 만한 것이다. 단지 투쟁과 갈등이 거기 있기 때문이 아니다. 투쟁과 갈등은 경험을 진전시키는 구성 요소이기 때문이다. 나중에 드러나겠지만 모든 경험에는 외계의 작용을 *겪는 것*undergoing, 넓은 의미에서는 *고통 당함*suffering이라는 요소가 존재한다. 그렇지 않다면 선행된 것을 받아들이는 일이 있을 수 없을 것이다. 왜냐하면 어떠한 활력적인 경험에서도 '받아들이는 것'은 이미 알고 있었던 것에 대한 의식의 정점에 무언가를 올려놓는 것이 아니라, 그 이상의 것이기 때문이다. 그것은 고통스러울 수도 있는 재구성reconstruction을 의미한다. 경험에 필요한 수동적 측면이 그 자체로 유쾌한가 고통스러운가 하는 것은 개별적 조건에 따른 문제이다. 전적으로 기쁨이 넘치는 강렬한 미적 경험이라는 것도 거의 없지만 이는 별개로 하고, 즐거운지 혹은 고통스러운지는 총체적인 미적 성질과 상관이 없다. 이런 경험의 특성은 결코 즐겁다는 데 있지 않다. 이러한 경험이 닥치는 때, 그것은 고통suffering(수용 작용)을 수반하며, 이 고통은 향유되는 완전한 경험과 모순되기는커녕 실로 인식의 일부분인 것이다.

나는 한 경험을 완전성과 통일성으로 완성하는 미적 성질을 가리켜 정서적인 것이라고 언급해왔다. 이 언급이 어려움을 야기할지도 모른다. 우리는 감정들에 이름을 붙일 때 쓰는 어휘들처럼 감정을 단순하고 간결한 것으로 생각하게 마련이다. 기쁨, 슬픔, 희망, 두려움, 노여움, 호기심 등 각각이, 마치 본질적으로 완성된 채 시야로 들어가는 일종의 실체entity인 것처럼 간주된다. 여기서 실체란 단기간 혹은 장기간 지속될 수도 있다. 그러나 지속, 성장, 발달은 그 정서의 성질과는 무관하다. 정서들은 사실 그것들이 의의 깊은 것일 경우, 운동하거나 변화하는 어떤 복합적 경험의 성질들이다. 여기서 내가 '의의 깊은 것일 경우'라고 말하는 것은, 그렇지 않으면 그것들이 보채던 아이가 화를 내거나 울음을 터뜨리는 것과 다를 바 없기 때문이다. 모든 정서들은 모두 하나의 극적 사건으로서의 자격을 가지고 있으며, 그 극적 사건이 발전함에 따라 변하기 마련이다. 사람들은 때때로 첫눈에 사랑에 빠진다고 한다. 그러나 사람들이 사랑에 빠지는 것은 그 순간의 일이 아니다. 소중히 기르는 것이나 걱정하는 것의 여지가 없는 한순간 속에 압축 봉인돼버린다면 도대체 사랑이란 무엇일까. 정서의 심오한 본성은 무대에서 상연 중인 공연을 관람하거나 소설을 읽을 때의 경험 속에서 엿보인다. 그것은 한 플롯의 전개에 참여하는 것이며, 하나의 플롯은 하나의 무대, 즉 발전시켜나갈 공간을 필요로 하며, 아울러 플롯을 전개해나갈 시간을 필요로 한다. 경험은 정서적이지만 경험 속에 정서라 불리는 것들이 분리되어 존재하지는 않는다.

같은 이유로 감정들은 운동이 있는 사건들이나 대상들에도 결합되어 있다. 병리적인 경우를 제외하고, 정서는 개인적인 것이 아니다. 또한 '대상이 없는' 정서라도 자기 밖에서 스스로를 결합시킬 수 있는 무언가를 요구하며, 따라서 그것은 실제 그러한 것이 없을 때 망상이 되고 만다. 정서는 확실히 자아의 것이다. 그러나 그것은, 바람직한 결과이든 기피해야 할 결과이든 어떤 결과를 향해 운동하는 사건들에 관심을 갖는 자아에 속한다. 부끄러워하는 순간 우리의 얼굴이 붉어지는 것처럼, 놀라는 순간 우리는 순간적으로 소스라친다. 그러나 이런 경우 경악이나 수줍음은 정서적 상태가 아니다. 이는 본래 자동적인 반사 행동에 지나지 않는다. 그것들이 정서적인 것이 되기 위해서는 대상과 결과들에 대한 관심을 포함하는 포괄적이고 지속적인 정황의 일부가 되어야만 한다. 처치하거나 피해야 할 어떤 위협적 대상이 존재한다는 것을 알았을 때, 혹은 그런 대상이 존재한다는 생각을 했을 때 놀라 소스라친다면 그것은 정서적인 공포이다. 얼굴이 붉어지는 것은 어떤 사람이 자기가 한 행위를 자기에 대한 타인의 반응이 그다지 좋지 않은 것과 결부시켜 생각할 때 오는 수치감을 말해준다.

멀리 떨어진 곳에 있는 지상의 사물들은 물리적으로 운반되고 작용과 반작용을 하면서 어떤 새로운 대상을 구성하게 된다. 마음의 기적이란, 물리적으로 운반되고 집합되지 않으면서도 이와 유사한 작용이 경험 속에서 수행되는 것이다. 정서는 운동하고 응결하는 힘이다. 정서는 동질의 것을 선택하며 선택한 사물을 자기의 색채로 칠하고, 그럼으로써 외적으로는 이질적인 모습이자 유사하지 않은 소재에 성질상의 통일을 부여하는 것이다. 따라서 정서는 어떤 경험의 다양한 부분들 가운데, 그리고 다양한 부분들을 통해 통일성을 부여한다. 통일성이 앞에서 기술된 그런 종류의 것인 경우, 경험은 두드러지게 미직인 경험이 아닐지라도 미적 성질을 갖추고 있는 것이다.

두 사람이 만나고 있다. 한 사람은 구직자이며, 또 한 사람은 그 일의 결정권을 손에 쥐고 있는 사람이다. 면접은 기계적이어서 질문이나 답변이 시종 사무적이다. 그렇게 두 사람이 만난 곳에 경험이란 없는 것이다. 채용이냐 아니냐가 수십 번 이루어져도 반복 아닌 것이 없다. 그 상황은 마치 부기簿記 실습처럼 처리된다. 그러나 어떤 새로운 경험이 발전하는 데서 하나의 상호 작용이 일어날지도 모른다. 우리는 그러한 경험의 설명을 어디서 찾을 수 있을까? 원부原簿 기입에서도, 혹은 경제학, 사회학, 인사심리학 등의 논문에서도 찾을 수 없다. 오히려 드라마나 소설에서는 찾을 수 있다. 그것의 본성이나 의미는 예술로만 표현될 수 있다. 오직 경험으로만 표현될 수 있는 경험의 한 통일성이 있기 때문이다. *경험*이란 다양한 일련의 사건들을 통해 그 자체의 완성으로 향하는, 진행과 정지를 포함한 소재로 이루어져 있는 것이다. 구직자의 일차적 정서는 처음에는 희망이나 실망이다가 끝에 가서는 흥분과 절망일 것이다. 이러한 일차적 정서들이 통일체로서의 경험의 성질을 규정하는 것이다. 그러나 면접이 진행됨에 따라 이차적 정서는 일차적 토대가 되는 정서의 변주로 전개된다. 각각의 태도와 몸짓, 각 문장, 거의 모든 단어가, 기초적 정서의 강도 속에 파동 이상의 것을 일으키는 것이 가능하고, 정서의 성질 속에 음영과 색조의 변화를 일으키는 것이 가능하다. 고용주는 자신의 감정적 반응에 따라 구직자의 성격을 파악한다. 고용주는 일터에 있는 그를 상상으로 그려보고, 그 곳의 여러 요소가 모여 서로 충돌하는가 일치하는가에 따라 그 사람의 적임 여부를 판정한다. 구직자의 존재나 행동은 고용주의 태도나 욕구와 조화를 이루기도 하고, 다투기도 하고 생각이 맞지 않을 수도 있다. 본래부터 성질상 미적인 이와 같은 요인들은 면접의 다양한 요소들을 결정적인 결과로 옮기는 힘이다. 그러한 요소들은 사건의 성질이 무엇이든, 불확실성과 긴장이 있는 모든 상황의 결정과 관계된다.

그러므로 경험들이 주제의 세부에 있어서 서로 상이하다 할지라도, 다양한 경험들 속에는 공통의 패턴이 존재한다. 경험이 경험이기 위해서는 갖추어야 할 조건이 있는 것이다. 이 공통의 패턴의 개요를 말하자면, 모든 경험은 살아 있는 생명체와 그것이 살고 있는 세계의 어떤 국면과의 사이에서 행해지는 상호 작용의 결과라는 사실이다. 사람은 무언가를 행한다. 예를 들어 어떤 사람이 돌 하나를 집어들었다고 하자. 결과적으로 그는 무언가를, 즉 집어든 돌의 중량, 긴장, 표면 구조 등을 체험하고 느낀다. 이렇게 체험한 속성들에 따라 다음 행동이 결정된다. 그 돌은 너무 무겁거나 너무 모가 나 있고 그렇게 단단하지 않다. 혹은 그가 체험한 성질로서 그 돌은 그가 의도한 목적에 부합된다. 이러한 과정은 자기와 대상과의 상호 적응이 생겨나고 그 개별적 경험이 끝날 때까지 지속된다. 형식에 관한 한 이렇게 단순한 경우에 참인 것은 모든 경험에서도 참이다. 여기서 살아 있는 생명체라는 것은 연구 중인 사상가일 수 있으며, 그와 상호 작용을 하는 상대인 환경은 하나의 돌이 아니라 관념들로 이루어질 수 있다. 그러나 양자의 상호 작용은 주어진 모든 경험을 구성하며, 경험을 완성하는 종국은 조화를 이루는 것이다.

경험은 패턴과 구조를 가지고 있다. 왜냐하면 그것은, 외계에 작용을 행사하는 것과 작용을 받아들이는 것, 즉 능동과 수동이 단지 교차적으로 행해지는 것이 아니라, 양자가 관련하에 행해지는 데서 성립되기 때문이다. 불 속에 손을 집어넣어 태운다 하여 이를 두고 경험을 갖는다고 말할 수는 없다. 행위와 그 결과는 반드시 지각 안에서 결합되어야 한다. 이 결합이 의미를 부여하는 것이다. 의미를 포착하는 것이 모든 지성의 목표이다. 의의 깊은 경험 내용은 이 결합의 폭과 내용에 의해 측정된다. 어린아이의 경험은 강렬할 수도 있다. 그러나 과거의 경험에서 비롯된 배경이 없기 때문에, 수동적 체험과 능동적 행위 간의 관계는 미미하게 포착될 뿐이며, 경험의 깊이와 폭도 그리 크지 않다. 아무도 거기에 포함된 모든 관계들을 인식할 정도로 원숙한 경지에 이르지는 못한다. 일찍이 힌턴Mr. Hinton은 〈무학자The Unlearner〉라는 소설을 썼다. 이 소설은 무한히 지속되는 사후 생활을 묘사해 이 세상의 짧은 인생에서 일어났던 수많은 사건을 사후에 다시 반복하며, 그리하여 이 사건들 사이에 포함된 여러 관계들을 부단히 발견해나가는 것을 묘사한다.

경험은 수동적 체험과 능동적 행위 사이의 관계들의 인식을 방해하는 모든 원인들에 의해 제한된다. 이 방해 원인들 중에는 능동의 과잉에서 오는 것이 있고, 또한 감수성 receptivity, 즉 수동의 과잉에서 오는 것도 있다. 어느 쪽에서든 균형이 무너지면 관계의 인식이 저해되고, 경험이 부분적이고 왜곡된 것으로 전락해 빈약한 의미나 그릇된 의미를 지닌 것이 되어버린다. 실행에 대한 열의나 활동 욕구는 많은 사람들에게, 특히 오늘같이 분주하고 조급한 환경에 사는 사람들에게 거의 믿기 어려울 정도로 빈약한 경험을 완전히 표면적으로만 남기고 있다. 자기를 완성할 기회를 가진 경험은 하나도 없다. 왜냐하면 그 밖의 다른 경험이 아주 급속히 생겨나기 때문이다. 경험이라 불리는 것은 이름을 갖지 못할 정도로 매우 산만하고 잡다하다. 저항은 치워져야 할 장애물로 간주되며, 반성을 유도하는 것으로는 간주되지 않는다. 개개인은 최단시간 내에 최대의 일을 할 수 있는 정황을 심사숙고의 선택을 통해서라기보다는 무의식적으로 추구하게 된다.

감수성의 과잉 또한 경험의 완성에 방해가 된다. 이 경우에는 어떠한 의미의 인식과도 무관하게, 단지 이런저런 것을 수용하는 것만이 중시된다. 가능한 한 많은 인상을 수집하는 것은, 그것들 전부가 도망치는 것이나 홀짝거리며 마시는 것에 불과할지라도, '생활'로 간주된다. 감상자나 몽상가는 활동 욕구로 활력을 가진 사람보다 의식을 통해서 더 많은 공상과 인상을 가질 수 있다. 그러나 그의 경험도 마찬가지로 왜곡되어 있다. 왜냐하면 능동과 수동 간에 균형이 없는 경우에는 어떤 것도 마음에 뿌리를 내리지 않기 때문이다. 세계의 현실에 접근하기 위해서는, 그리고 인상의 가치를 검토하고 조직할 수 있도록 인상들을 사실에 결부시키기 위해서는 어떤 결정적인 활동이 필요하다.

예술가가 과학자만큼 진실하고 철저하게 사고하지 않는다는 생각은 불합리하다. 왜냐하면 능동적으로 행해지는 것과 수동적으로 행해지는 것 사이의 관계를 인식하는 것이 지성intelligence의 일이기 때문이며, 예술가는 자신의 작업 과정 속에서, 이미 행한 것과 앞으로 행할 것 사이의 관계를 파악하는 것에 좌우되기 때문이다. 화가는 자기의 일상적인 붓질의 효과를 의식 상태에서 체험해야 한다. 그렇지 않으면 그가 행위하고 있는 것과 그의 작업이 지향하는 것을 의식하지 못할 것이다. 게다가 예술가는 자기가 창작하고자 하는 전체와 관련하여 능동적 행위와 수동적 행위의 각각의 개별적인 관계를 파악해야 한다. 그러한 관계들을 이해하는 것이야말로 사고하는 것이며, 가장 엄격한 사고 양식들 중의 하나이다. 여러 화가의 그림들의 차이는 단순한 색의 감수력 차이와 작업 수행의 솜씨 차이에도 기인하지만, 사고하는 능력의 차이에도 기인한다. 그림의 근본적인 성질에 대해 말하자면, 이 차이는 실제로 다른 무엇에 의존하기보다는 관계의 인식에 영향을 미치는 지성의 성질에 많이 의존한다. 물론 지성이 직접적인 감수력과 분리될 수 없으며, 한층 더 외적인 방식에서이긴 하지만 기교와 결합되어 있다 해도 말이다.

예술 작품을 창작할 때 필요한 지력의 역할을 무시하고자 하는 생각은 모두 사고를 특수한 소재, 이를테면 문자나 언어 등의 사용과 동일시하는 것에 기인한다. 성질들의 관계를 통해 효과적으로 사고하는 것은 언어적 혹은 수학적 상징들을 통해 사고하는 것만큼이나 엄격한 요구이다. 사실 언어는 기계적 방식으로 쉽게 조작되기 때문에 순수 예술 작품의 창작에서는 긍지 넘치는 '지식인들'에게서 행해지는 지성보다 더 많은 것이 요구된다.

지금까지 미란 무용한 사치품이나 초월적인 관념의 소산으로서 외부에서 경험 가운데로 침입해 온 것이 아니라, 모든 정상적이고 완전한 경험을 가진 성질의 명료하고도 강화된 발전이라는 것을 보여주려 했다. 나는 이 사실이야말로 미학 이론이 세워질 수 있는 유일하고 확실한 기초라고 생각한다. 이 기초적 사실에 대해 몇 가지 설명할 것이 남아 있다.

'예술적artistic'이라는 말과 '미적esthetic'이라는 말이 의미하는 것을 명료하게 합쳐 함축하는 영어 단어는 없다. '예술적'이라는 말은 본래 창작의 행위와 관계되지만 '미적'이라는 말은 인식과 향유와 관계되기 때문에, 두 가지를 함께 묶어 표현하는 하나의 낱말이 없다는 것은 불행이 아닐 수 없다. 그래서 때로는 두 요소를 서로 분리시키는 결과가 나타나거나, 예술을 미적 소재 위에 무언가를 겹쳐놓은 것으로 간주하는 결과가 나타난다. 다른 한편, 예술이 창조 과정인 까닭에 그것의 인식과 향유는 창조적 행위와 공통점이 없다는 가설로 나타난다. 어쨌든 '미적'이라는 말은 때로는 예술적 활동 전체를 포괄하기 위해 사용되지 않을 수 없으며, 또 때로는 전체 작용의 인식적 국면의 수용에만 한정해 사용되지 않을 수 없다. 거기에는 언어상 다소 미진한 점이 있다. 내가 이 확실한 사실을 말하는 것은, 결국 의식적 경험이 능동적 행위와 수동적 행위의 관계를 인식한다는 개념에 의해 우리가 창작으로서의 예술이라는 면과 향유로서의 지각과 감상이라는 면이 상호 지탱하는 관계를 어떻게 이해할 수 있는가를 보여주기 위해서이다.

예술은 행위 혹은 제작의 과정을 드러낸다. 이는 순수 예술이나 공예에 있어 참이다. 예술은 찰흙 몰딩, 대리석 새기기, 청동 주조, 안료 도색, 건축, 노래 부르기, 악기 연주, 무대 연기, 무용의 율동적 운동 등을 포함한다. 모든 예술은 매개적 도구를 사용할 수도, 사용하지 않을 수도 있으며, 어떤 물리적 소재, 신체, 혹은 신체 외의 것으로 무언가를 행한다. 또한 가시적인 것, 가청적인 것, 촉각적인 것을 만들고자 하는 생각으로 무언가를 행하기도 한다. 예술에서는 활동적인 혹은 '행위하는' 국면이 아주 두드러지기 때문에, 사전에서는 보통 예술이 숙련된 활동, 표현 능력이라고 정의된다. 옥스퍼드 사전은 존 스튜어트 밀John Stuart Mill의 말을 인용하여 설명한다. "예술이란 표현에 있어 완벽하고자 하는 노력이다." 반면 매튜 아널드Matthew Arnold는 예술을 "순수하고도 결점 없는 기량"이라고 부른다.

'미적'이라는 말은 앞서 지적했듯이 감상적, 인식적, 향유적인 것으로서의 경험과 관련된다. 그것은 생산자의 관점보다는 향유자의 관점을 드러낸다. 그것은 취미taste[10]이다. 그리고 요리에서처럼 명백히 탁월한 솜씨는 요리사의 것이지만, 이와 반대로 취미는 향유자의 것이다. 조경에서 나무를 심고 땅을 가는 정원사와 완성물을 즐기는 주인 사이에 차이가 있는 것처럼 말이다.

그러나 경험을 함에 있어서의 능동적 행위와 수동적 행위 간의 관계와 마찬가지로, 위의 예증들은 미적인 것과 예술적인 것 사이의 구별이 어떤 분리가 될 정도까지는 아님을 시사한다. 표현의 완전성은 표현에 의해 측정되거나 정의될 수 없다. 거기에는 표현된 작품을 인식하고 향유하는 사람들이 관련돼 있다. 요리사는 소비자를 위해 음식을 만들며, 요리되는 것의 가치 척도는 소비이다. 단순한 표현의 완전성은, 그 자체만 분리하여 판단한다면, 아마도 인간의 기술보다는 기계에 의해 더 잘 획득될 것이다. 자연히 그것은 기교에 지나지 않는다. 그리고 기교로는 일류라 할 수 없지만 예술가로서는 위대한 사람이 있다. (세잔을 보라.) 이와는 반대로 피아노의 명연주가이면서도 미적으로는 위대하지 않은 사람들도 있다. 서전트J. S. Sargent[11]가 위대한 화가가 아닌 것도 바로 그것이다.

궁극적 의미에서 예술적인 역량은 '애호'여야 한다. 그것은 기술이 실행되는 주제에 깊은 애정을 가져야 한다. 어떤 조각가가 있다고 하자. 그는 자기가 만든 흉상들이 놀라울 정도로 묘사가 정확하다고 생각할 수도 있다. 흉상의 사진과 진짜 모델의 사진을 구분하는 것이 어려울 수도 있다. 기교 면에서 그것들은 놀랍다. 그러나 그 흉상 제작자가 자기 작품들을 바라보는 사람들과 함께 나누고자 한 경험을 스스로 했는지는 의문이다. 진실로 예술적이기 위해서는 미적이지 않으면 안 된다. 즉, 즐길 만한 수용적 인식을 위한 것이어야 한다. 물론 예술가는 창작하는 동안 꾸준히 관찰할 필요가 있다. 그러나 그의 지각이 사실상 미적이지 않다면, 그것은 본질적으로 기계적인 과정 속에서 다음 단계를 향한 자극으로서 행해지고 사용된 것을 중립적으로 냉정하게 인지하는 것이다.

요컨대 예술은 경험을 경험답게 하는 관계와 같이 능동적 행위와 수동적 행위, 에너지의 방출과 흡입의 관계를 그 형식 속에서 결합한다. 작품이 예술적이게 되는 것은, 행위와 수용의 두 요인을 서로 조직화하는 데 방해가 되는 것을 제거하고, 그것들의 상호 침투에 기여하는 상태와 특성을 선택하기 때문이다. 사람은 새기고, 조각하고, 노래하고, 춤추고, 연기하고, 본뜨고, 그리고 칠한다. 인식 결과가 본성적이어서 *지각된 것으로서의* 작품의 성질이 제작의 문제를 통제할 때 행위와 제작은 예술적이게 된다. 인식의 직접적 경험 속에서 향유되는 무언가를 의도적으로 제작하도록 하는 창작 활동은 자발적 활동이나 통제되지 않은 활동에는 없는 성질들을 지니고 있다. 예술가는 작업하는 동안 인식자의 태도를 자기 자신 안에서 구체화한다.

정교하게 만들어진 대상, 즉 그 구조와 비례로 지각에 큰 기쁨을 주는 어떤 대상이 원시 종족의 손으로 만들어졌다고 믿어지는 어떤 경우를 상상해보자. 그러나 그것이 자연적으로 우연히 생겨난 산물임을 입증하는 증거가 발견된다. 외적인 존재로서 그것은 이전과 그대로이다. 그러나 그것은 일단 예술 작품이라 할 수 없으며, 자연적인 '진기한 물품curiosity'에 지나지 않는다. 그것은 이제 미술관이 아니라 자연사 박물관에 들어간다. 그리고 특이한 점은 그러한 차이가 그저 지적인 분류에서 오는 것이 아니라는 것이다. 어떤 차이는 감상적 인식을 통해 직접적으로 형성된다. 좁은 의미에서 미적 경험은 제작의 경험과 본래 결합되는 것으로 보인다.

이목의 감각적 만족이 미적이라고 할 때, 그것은 독립적으로 존재하기 때문이 아니라, 어떤 만족을 결과로서 수반하는 활동과 결합되어 있기 때문이다. 미각의 쾌감조차 미식가와 단지 '좋아해서' 먹는 사람 사이에는 질적인 차이가 있다. 그 차이는 단순히 강도의 차이가 아니다. 미식가는 음식의 맛 그 이상의 것을 의식하고 있다. 오히려 요리의 재료나 조리법 등의 관계에 의존하는 성질들이 우수함의 기준과 결합되어 직접 경험되는 미각 속으로 진입해 들어간다. 제작 활동은 인식되는 것으로서의 작품의 성질을 자기 중심에 몰입시키지 않으면 안 되며, 또한 이 성질들에 의해 규정되어야 한다. 따라서 또 다른 면에서는 분명한 제작 방법에 대한 관계가 인식되는 것〔작품〕을 성질로 할 때, 보고 듣고 맛보는 것이 미적이게 되는 것이다.

모든 미적 지각에는 정열passion이라는 한 요소가 있다. 그러나 격렬한 분노, 공포, 질투와 같이, 우리가 정열에 압도당할 때 그 경험이 미적이지 않다는 것은 명확하다. 이 경우 정열을 발생시킨 활동의 성질에 대한 관계가 감지되지 않는다. 결과적으로 경험의 소재에는 균형과 안정의 요소들이 없다. 왜냐하면 이 균형과 안정은 우아함이나 위엄이 있는 행동의 경우와 같이, 행위가 그것이 유지하는 관계들의 적절한 감지에 의해, 예를 들면 때와 장소에 맞게 제어되는 때만 있을 수 있기 때문이다.

예술 창작의 과정은 미의 인식과 유기적으로 관련되어 있다. 창조 중인 조물주가 자기의 창조물을 보고 좋다고 말한 것같이 말이다. 예술가는 자기가 행하고 있는 것에서 지각적으로 미적인 만족을 얻을 때까지, 꼴을 만들고 다시 고치고 하기를 부단히 반복한다. 그 결과가 좋게 경험될 때, 그리고 그 경험이 단지 지적이고 외부적인 판단으로 이루어지는 것이 아니라 자신의 직접적 지각에 의해 이루어질 때 비로소 결말이 난다. 예술가는 다른 사람들과 비교하여 표현 능력만 특별히 타고난 것이 아니라 사물들의 성질에 대한 특이한 감수성도 타고난 사람이다. 또한 이 감수성은 그의 행위와 제작을 이끄는 것이다.

사물을 취급할 때 우리는 그것을 만지고 느낀다. 볼 때는 얼굴까지 돌려 바라보며, 들을 때는 귀를 세워 듣는다. 손은 에칭용 침이나 붓과 함께 움직인다. 눈은 행해지는 것의 결과에 유의하여 이를 말한다. 이러한 긴밀한 관계로 말미암아 이어지는 행위는 과거 행위의 축적이어서, 자유분방한 것도 아니고 틀에 박힌 것도 아니다. 감동적인 예술적·미적 경험에서는 이 관계가 매우 긴밀하여 행위와 지각 둘 나 동시에 통제한다. 그러한 활기찬 결합의 친숙성은 손과 눈만으로 오는 것이 아니다. 손과 눈 둘 다 전인적 존재의 기관으로서 활동하지 않을 때, 자동적인 걸음걸이의 경우처럼 기계적인 연속의 감각과 운동만이 있을 뿐이다. 경험이 미적이라면 손과 눈은 전 생명체가 시종 작동시키는 도구에 지나지 않는다. 따라서 표현은 정서적이며 목적에 의해 유도된다.

능동적으로 행해진 것과 수동적으로 체험된 것 사이의 관계로 말미암아, 합일 혹은 반발을 행하는 것, 강화 혹은 방해하는 것과 같은, 지각의 대상들에 대한 직접적 감각이 있다. 지금까지 제작된 것이 처음 구체화되도록 한 착상을 추진하고 있는가, 아니면 그 착상에서 벗어나 그것을 파탄시키고 있는가는 감각에 나타난 제작 활동의 결과에 의해 드러난다. 경험의 발전이 직접 감지된 질서나 완성의 관계들에 의하여 조절되는 한, 사실상 그 경험은 현저하게 미적이게 된다. 활동을 촉구한다는 것은 직접적 지각의 만족 대상으로 귀결될 부류의 활동을 촉구하는 것이다. 도공은 곡식을 저장하는 데 쓸모 있는 그릇을 만들기 위해 흙을 빚는다. 그러나 그는 연속적인 제작 활동을 집약하는 일련의 지각에 의해 제어되는 방식으로 그것을 만들며, 따라서 지속적인 우아함과 매력을 특색으로 하는 그릇을 만든다. 그림을 그리거나 흉상을 제작하는 경우도 사정은 거의 같다. 게다가 제작의 각 단계에서 다가올 것을 예상하게 된다. 이 예상은 다음의 행위와 감각에 나타날 결과들 사이의 연결 고리이다. 능동적으로 행해진 것과 수동적으로 체험된 것은 상호적으로, 축적적으로, 그리고 계속적으로 서로에게 도구적이다.

능동적 행위는 힘차고 수동적 체험은 깊고 강렬할 수 있다. 그러나 지각 속에서 하나의 전체를 형성하기 위해 서로 결속되어 있지 못하다면 행해진 것이 온전히 미적일 수는 없다. 예를 들면 만드는 행위는 기교적인 재주를 발휘하는 것일 수 있으며, 수동적 체험은 분방한 감정이나 몽상일 수 있다. 만약 예술가가 행위 과정에서 어떤 참신한 비전을 완성하지 못한다면, 그는 기계적으로 행위하며 마음속의 청사진처럼 일정한 원본을 반복하는 것이다. 창의적 예술 작품은 믿을 수 없을 정도의 관찰과 질적 관계들의 지각 속에서 표현된 지성을 통해 규정된다. 이 질적 관계들은 양자 사이에 대해서뿐만 아니라 구성 중인 전체와의 관계 속에서도 주목되어야 한다. 그 관계들은 관찰에서뿐만 아니라 상상에서도 성립된다. 부적절성들이 발생하면서 산만함을 조장하며, 일탈 현상은 풍요를 가장하는 가운데 스스로를 암시하기도 한다. 지배적인 생각의 포착이 희미해지는 경우가 있으며, 그때 예술가는 자기의 생각이 다시 강해질 때까지 무의식적으로 생각을 채우려 한다. 진정한 예술가의 작품은 경험이 발전하며 부단히 변화해나가는 동안, 지각 속에서 통일된 하나의 경험을 성립시키는 것이다.

작가가 이미 명료하게 인식되고 부단히 정리된 생각들을 종이 위에 옮길 때, 진정한 작품은 이미 이루어진 것이나 다름없다. 혹은, 작가는 작품을 완성하기 위해 창작 활동과 그 감각적 기록으로 유발된 더욱 커다란 지각 능력에 의존할 수도 있을 것이다. 단순한 필사筆寫 행위는, 완성으로 이행해가는 어떤 경험의 형성에 통합되어 들어가는 것이 아니라면 미적으로 가치가 없다. 머릿속에 떠오른, 따라서 물리적으로 개인적인 구성조차 의미 있는 내용이라는 점에서는 공적이다. 왜냐하면 그것은 지각 가능한, 따라서 공공 세계에 속하는 작품 속에서 구상과 관련하여 인식되는 것이기 때문이다. 그렇지 않으면 그 구상은 하나의 일탈이며 덧없는 꿈이다. 어떤 풍경에서 지각된 성질들을 그림으로 표현하고 자 하는 충동은 연필이나 붓을 찾는 것으로 계속된다. 외적 인 구체물이 없으면 경험은 불완전한 상태로 남아 있게 된 다. 생리학적으로나 기능적으로 감각 기관들은 운동 기관 이며, 단순히 해부학적으로가 아니라 인체의 에너지 분배 에 따라 다른 운동 기관들과 결합된다. 'building(건설/건물)', 'construction(건축/건축물)', 'work(작업/작품)'이라는 말이 하 나의 과정과 완결된 산물 둘 다를 의미하는 것은 단순히 언 어학상의 우연이 아니다. 동사의 의미가 없으면 명사의 의미 도 비어 있는 것이다.

문필가, 작곡가, 조각가, 화가 등은 그들이 전에 해온 것을 창작 과정 중에 돌이킬 수 있다(수정할 수 있다). 수동적 체 험이나 경험의 지각적 국면이 만족스럽지 않을 때, 그들은 어느 정도 새롭게 그것을 시작할 수 있다. 이렇게 돌이키는 것이 건축에서는 순조롭지 않다. 이는 아마도 추악한 건물들 이 그토록 많은 데 대한 하나의 이유가 될 것이다. 건축가는 그것이 완전한 지각 대상으로 변하기 전에 구상을 완성해야 만 한다. 이 구상과 그 객관적 구체물을 동시에 구축하는 것 이 어렵다는 점에서 불리한 조건이다. 그럼에도 불구하고, 건축가 역시 기계적으로 작업하지 않는다면, 궁극적 지각의 대상과 구체물의 매체에 의해 착상을 해내지 않으면 안 된 다. 아마도 중세 성당의 미적 성질은 그 구조가 현대 건축의 경우와 같이 앞서 만들어진 설계도와 세부 도면에 그렇게 크게 좌우되지 않았다는 사실에 어느 정도 기인할 것이다. 설계는 건물이 진척됨에 따라 진척된다. 그러나 미네르바 같은 상조차 그것이 예술적이라면 상상 속에서 계획된 제작 행위와 지각이 상호 작용하고 서로 수정하는 예비 기간을 필요로 한다. 모든 예술 작품은 완전한 경험의 계획과 패턴을 따른다. 그것을 한층 더 강하게 하고 집중적으로 감지하면서 말이다.

능동적 행위와 수동적 체험의 긴밀한 결합을 이해하는 것이 지각자와 감상자의 경우에는 제작자의 경우와 같이 그렇게 쉽지는 않다. 우리는 지각자와 감상자가 단지 완성된 형식에 있는 것을 받아들인다는 사실을 생각하곤 하지만, 이렇듯 무언가를 받아들인다는 것에는 창작자의 활동들에 비견되는 활동들이 포함되어 있음을 깨닫지 못한다. 그러나 수용한다는 것은 피동적인 것은 아니다. 수용성 역시 객관적 완성을 향해 축적되는 일련의 반응 행위들로 구성되어 있는 하나의 과정이다. 그렇지 않다면 지각perception은 없고 인식recognition만 있는 것이다. 양자의 차이는 실로 크다. 인식이란 그것이 자유롭게 발전할 기회를 갖기 전에 정돈되는 지각이다. 인식을 할 때는 지각 행위로 시작한다. 그러나 이러한 시작이 인식된 사물을 완전하게 지각하는 데까지 나아갈 수 있는 것은 아니다. 우리가 거리에서 어떤 사람을 인식할 때도, 그 사람의 모습을 자세히 보려고만 하는 것이 아니라 인사를 할 것인지 아니면 피할 것인지를 정하려는 의도가 있다면, 즉 인식이 어떤 *다른* 목적에 부합하게 되는 상황이라면 인식은 바로 그 지점에서 정지된다.

인식을 할 때 우리는 어떤 판에 박힌 투로, 이전에 형성된 어떤 도식으로 되돌아간다. 어떤 세부 혹은 세부들의 배열은 단순히 사물을 확인하기 위한 어떤 단서로서 유용하다. 인지의 경우 형지型紙, stencil처럼 단순한 이 윤곽을 눈앞의 사물에 적용하는 것이면 충분하다. 가끔 어떤 사람을 만날 때, 우리가 이전에는 알지 못했던 특징——어쩌면 육체적 특성에 불과한——에 놀라는 경우가 있다. 우리는 전에는 우리가 그 사람을 알지 못했음을 깨닫는다. 그를 깊은 의미로서 보지 못했던 것이다. 우리는 이제야 탐구하고 '받아들이기' 시작한다. 지각이 기존의 빈약한 인식을 대신한다. 재구성의 행위라는 활동이 주어지며, 의식은 참신해지고 발랄해진다. *이러한* 보는 행위에는 지금 제작 중인 새 그림을 완성하는 데 도움이 되는 모든 축적된 관념들의 협동뿐 아니라, 비록 드러나지는 않지만 은연중에 작용하는 운동 요소들의 협동도 포함된다. 인식은 너무 쉽게 일어나서 생생한 의식을 깨워 일으키지 못한다. 이미 획득된 경험의 의식을 보장하기에는 새로운 것과 낡은 것 사이의 저항이 충분하지 못하다. 주인이 돌아오는 것을 보고 기뻐서 짖거나 꼬리를 흔드는 개도 자기 친구를 맞이했을 때 단순히 한 사람을 인식할 때보다 훨씬 충만하게 활력을 갖는다.

단순한 인식은 적당한 이름표나 라벨이 붙는 것으로 충분하다. 판매원이 견본 하나로 상품들을 알아보는 것처럼 '적당한'이라는 말은 인식 행위 밖의 목적에 도움이 된다는 것을 의미한다. 인식에는 유기체의 동요나 내적 소요가 수반되지 않는다. 그러나 지각 행위는 유기체 전신을 통해 순차적으로 확장해나가는 파동에 의해 진행된다. 따라서 정서가 보는 것과 듣는 것에 *부가되는* 것과 같은 일이 지각에서는 없다. 지각된 대상이나 장면은 정서적으로 철저히 침투된다. 야기된 정서가 지각되거나 사유된 내용을 침범하지 않는다면, 그 정서는 아직 예비적이거나 아니면 병적인 것이다.

경험의 미적 국면이나 수동적 체험의 국면은 수용적이다. 거기에는 승복의 의미가 담겨 있다. 그러나 자아의 적절한 승복은, 제어되지만 아주 강렬할 수도 있는 활동을 통해서만 가능하다. 우리는 환경과의 상호 작용 속에서 움츠러드는 경우가 많다. 때로는 공포 때문이다. 축적된 에너지를 헛되게 소모하는 것을 단지 두려워하여, 그리고 때로는 인식의 경우와 같이 그것과는 다른 문제들에 열중하는 것에서 물러나는 것이다. 지각은 수용하기 위해 에너지를 방출하는 행위이지 에너지를 억류하는 것은 아니다. 어떤 주제 속에 스며들기 위해서는 우리가 먼저 그것에 빠져들어야 한다. 우리가 어떤 장면에 수동적일 때 그것은 우리를 압도하며, 그것에 대응하는 활동이 없을 때 우리는 그 상황을 자각하지 못한다. 우리는 *수용*을 위하여 힘을 집결하고 조화된 방식으로 반응해야 한다.

현미경이나 망원경을 통해 보고, 지질학자가 어떤 풍경을 바라보는 것처럼 보려면 수련이 필요하다는 것은 주지의 사실이다. 미적 지각이 어떤 특별한 순간의 일이라는 생각이 우리로 하여금 예술을 멀리하게 하는 이유이다. 눈과 시각적 장치들은 그냥 그대로이다. 노트르담 성당이나 렘브란트의 헨드릭 스투펠 초상과 같은 대상도 물리적으로 존재한다. 있는 그대로 말하자면 대상은 '보여지는' 것이다. 그것들은 보여지고 인식될 수 있으며, 바른 이름을 얻을 수 있다. 그러나 유기체 전신과 대상들 간의 지속적인 상호 작용이 없다면 지각될 수 없으며, 더욱이 미적으로는 확실히 지각되지 않는다. 화랑을 방문한 한 무리의 사람들이 안내자를 따라 구경하며 다니면서 이것저것 대상에 유의하지만, 지각하지는 못한다. 그들은 활발하게 구현된 주제 때문에 그림을 보고자 하지만 그 흥미조차 우연에 의한 것일 뿐이다.

그 이유는 관람을 위해 관람자가 자기만의 경험을 *창조해야* 하기 때문이다. 그리고 그의 창작은 원래의 작가가 수동적으로 체험한 것들에 비견되는 관계들을 포함해야 한다. 그 관계들은 문자적으로 동일한 것이 아니다. 그러나 예술가와 같이 지각자도, 작품의 창작자가 의식적으로 경험한 조직화 과정처럼, 형식 안에 있는── 비록 세부에서는 아니어도── 전체의 요소들에 질서를 부여해야 한다. 재창조의 행위가 없다면 대상은 예술 작품으로 지각되지 않는다. 그 예술가는 자신의 관심에 따라 선택하고, 단순화, 명료화, 단축과 응축을 행한다. 관람자도 그의 관점과 관심에 따라 이러한 작용들을 행해야 한다. 양자 모두 의미 있는 것을 추출하는 추상의 행위를 행한다. 양자에게서 문자적 의미의 이해, 즉 포괄이 행해진다. 즉, 경험된 전체 내에서 물리적으로 산재해 있는 세부와 부분들을 모으는 일이 행해진다. 예술가 자신의 편에서 이루어지는 일이 있는 것처럼 관람자에게도 자신의 편에서 이루어지는 일이 있게 마련이다. 이러한 작업을 수행하는 데 너무 게으르거나 인습으로 굳어진 사람은 보거나 듣지 못할 것이다. 이런 사람의 '평가'는 전부터 있어 관행처럼 이어오던 상찬의 규범들과 부합하고, 순수하기는 하나 혼란스러운 감정의 흥분과 이런 단편적 지식과의 혼합물에 지나지 않을 것이다.

　지금까지의 고찰들은 의미심장한 *하나*의 경험과 미적 경험 간의 공통점을 보여줌과 동시에 특수한 점을 강조하여 양자의 차이점을 보여준다. 전자, 즉 하나의 경험은 미적 성질을 지닌다. 그렇지 않으면 그 소재들은 단일의 통일적 경험 속으로 완성해 들어가지 않을 것이다. 근원적 경험 속에서 실천적, 정서적, 지적인 것을 서로 분리하는 것이 불가능하며, 또한 어느 한 속성으로 하여금 다른 속성들의 특징에 반하여 압도하게 하는 것 역시 불가능할 것이다. 정서적 경험은 부분들을 단일의 전체 안으로 규합한다. 그리고 '지적'이라는 것은 다만 경험이 의미를 가지고 있다는 사실을 말하며, '실천적practical'이라는 것은 유기체가 그것을 둘러싸고 있는 사건들과 대상들과 상호 작용을 한다는 것을 말한다. 가장 세심하게 배려한 철학적, 과학적 연구도, 가장 야심적인 산업적, 정치적 기획도 이 상이한 성분들이 하나의 통일적 경험을 구성할 때 미적 성질을 가진다. 왜냐하면 그때 그 다양한 부분들이 서로 연속되기만 하는 것이 아니라 서로 연결되어 있기도 하기 때문이다. 그리고 그렇게 경험된 연결고리를 통한 부분들은 단순히 시간적으로 중단이 아닌 하나의 완성과 종결을 향해 나아간다. 게다가 이러한 완성은 일 전체가 종결되기를 의식적으로 기다리지 않는다. 그것은 철두철미하게 기다려지고 특이하고도 치열하게 반복적으로 음미된다.

그럼에도 불구하고 문제의 경험들은 그것들을 시작하게 하고 지배하는 흥미와 목적으로 말미암아 *변별적으로* 미적이기보다는 두드러지게 지적이거나 혹은 실천적이다. 지적 경험의 경우 그 결말은 그것만으로도 가치가 있다. 그 결말은 하나의 공식이나 '진리'로서 추출될 수 있으며, 다른 연구의 요소와 지침으로서 그 독립적인 실체 내에서 사용될 수 있다. 예술 작품에는 그러한 단일의 자족적인 저장물이 없다. 종국, 종점은 그것만으로 의미가 있는 것이 아니라, 부분들의 완성으로서 의미가 있다. 그것은 다르게는 존재할 수 없다. 등장 인물들이 이후 행복하게 사는 것으로 되어 있다 하더라도, 드라마나 소설이 최종적인 판결문은 아니다. 확실히 미적인 경험에서는, 다른 경험들에서는 압도당하게 되는 특징들이 두드러진다. 하지만 종속적인 그것들이 바로 지배적인 성질이다. 즉, 경험이 그 자체로 완전한 경험다운 성질인 것이다.

모든 완전한 경험의 경우, 형식이 갖추어진 것은 역동적인 조직화가 있기 때문이다. 내가 이 조직화를 역동적이라 하는 것은 이것을 완성하는 데는 시간이 걸리기 때문이며, 그것이 하나의 성장이기 때문이다. 거기에는 탄생, 발육, 완성이 있기 때문이다. 소재는, 그 작업자의 마음을 구성하는 이전 경험의 결과들을 활발하게 조직화하는 작용과의 상호 작용을 통해 섭취되고 소화된다. 잉태된 태아가 태어나 우리 세계의 부분으로서 지각되기 전까지는 임신 기간이 지속된다. 과거의 지속적 과정의 절정은 다른 모든 것을 자기 중심에 넣고, 자기 이외의 것은 모조리 잊어버리는 어떤 현저한 운동에 의해 도달된다. 미적 경험이 한순간 속에 집결하는 것은 오직 이러한 도달의 의미에서다. 포함적, 완성적 종결을 향한 본질적 운동으로 변화시키고자 하는 저항, 긴장, 흥분의 전향이 바로 미적 경험인 것이다.

호흡과 같은 경험은 흡입과 배출의 율동이다. 하나의 양상이 중단되고 다른 국면이 시작되고 준비되는 휴지와 주기의 존재에 의해 그것들의 연속은 매듭 지어지고 율동을 이루기도 한다. 윌리엄 제임스William James는 의식적 경험의 과정을 새가 번갈아 가면서 날았다 앉았다 하는 것에 비유했다. 날고 내리는 동작은 서로 긴밀한 관계를 가지고 있다. 그것들이 서로 무관한 뜨고 내리는 행위를 수없이 계속하면서도 그것들이 그렇게 무관하지는 않다. 경험에서 각 휴식 장소는 수동적 체험으로서, 이전 행위의 결과를 흡수하고 안착시키는 것이며, 그 능동적 행위가 심한 변덕이나 가벼운 상투적인 것이 아니라면, 각 능동적 행위는 추출되고 보존되어 온 의미를 그 자체로 잘 간직한다. 군대의 행군에서와 같이, 이미 달성된 것으로부터의 획득물 모두를 주기적으로 집결하며, 다음에 무엇이 이루어져야 하는지를 언제나 목표로 한다. 너무 빨리 나아가면 우리는 보급 기지 즉, 축적된 의미들에서 멀리 벗어나게 되고, 따라서 경험은 동요하게 되고 천박해지고 혼란스러워진다. 만약 우리가 어떤 순수한 가치를 추출한 후 너무 오랫동안 방치하면, 경험은 영양 실조로 죽게 된다.

그러므로 전일체의 형식은 모든 구성 요소에서 나타난다. 성취와 완성은 계속적 기능이며, 한 지점에만 있는 단순한 종점이 아니다. 조각가, 화가, 작가는 제작의 모든 단계마다 완성의 과정에 있다. 예술가는 모든 단계에서 그것에 앞선 것을 하나의 통일적 전체로서, 그리고 다가올 통일적 전체를 참작하여 유지하고 취합한다. 그렇지 않다면 예술가의 계속적 활동은 일관되지 못하고 안정되지도 못한다. 경험의 리듬 속에서 연속적 행위들은 다양성과 운동을 부여하며, 단조롭고 무용한 반복을 피하게 한다. 수동적 행위들은 이 리듬 속에서 상응하는 요소들이며, 통일성을 부여한다. 이것들은 그저 흥분된 기분이 연속되는 맹목성을 피하게 해준다. 하나의 경험이라 일컬을 수 있는 요인들이 지각의 문턱 위를 높이 넘으며 그 자체로 인해 명백하게 될 때, 대상은 미적 지각의 특징을 지닌 향유를 야기하는, 독특하고도 지배적으로 미적인 것이다.

삶과 예술의
유기적 통일을 위한
철학적 정초

1. 경험철학의 실천자, 듀이

존 듀이는 20세기의 가장 저명한 철학자 중 한 명이다. 전
세계의 사상계에 그만큼 커다란 영향력을 다방면으로 떨친
철학자는 없을 것이다. 그의 철학은 미국 프래그머티즘 철학
을 대표하며, 방대한 철학적 연구와 저작은 철학만이 아니라
교육학, 심리학, 미학, 정치학 등에 걸쳐 널리 다루어지고 있
다. 현대의 철학이 상아탑 안의 추상적인 체계에만 몰입해
있었던 데 반해, 그는 철학의 도구적 가치를 실현하기 위해
다양하고 입체적인 시도를 펼쳤다는 점에서 주목받는 철학
자이다. 또한 그는 철학적 전통 속에서 오랫동안 기피되어온
생활, 경험 등의 문제를 철학의 가장 중요한 원천으로 삼음
으로써 미국 프래그머티즘 철학에서도 가장 뚜렷한 독자성
을 갖춘 혁신적인 대철학자로 자리잡았다.

듀이는 1859년 미국 버몬트 주 벌링턴의 한 중산층 가정

에서 태어났다. 1879년 버몬트 대학을 졸업한 후 그는 존스 홉킨스 대학원에 진학하여 철학을 전공하게 된다. 그곳에서 프래그머티즘 철학자인 찰스 퍼스Charles S. Peirce를 만난 것이 철학자의 길을 걷는 데 중요한 계기가 되었다. 대학원 진학 전 잠시 중등 학교에서 교편을 잡기도 했던 듀이는 교육, 역사학, 정치학 등 여러 분야에 관심을 갖기 시작했다. 그리고 1884년 박사 학위를 취득하고 바로 미시간 대학의 철학 교수가 되었다. 미시간에 있던 10여 년 동안 그는 민주적이고 창의적인 대학의 분위기를 익히면서 학문적으로는 미국 프래그머티즘 철학의 선구자인 윌리엄 제임스William James에게 매료되었으며, 철학적으로는 독일의 헤겔 법증법 철학에 깊이 몰입했다.

1894년 듀이는 유서 깊은 시카고 대학에 초빙되어 철학, 심리학, 교육학에 걸쳐 선도적 역할을 하게 된다. 시카고에서 그는 동료 및 제자들과 실용주의를 표방한 하나의 학단을 형성하게 되는데, 그것이 바로 유명한 '시카고 학파'이다. 시카고에서 그는 아내 앨리스 칩맨과 함께 '듀이 학교'[12]로 더 잘 알려진 시카고 대학 실험학교를 설립하여, 실험과 실습을 통한 이론의 완성과 검증에 도달하는 혁신적인 교육 프로그램을 창출한 바 있다. 1904년 재정난으로 문을 닫고 말았지만 교육사에서 기념비적인 프로그램으로 회자되고 있는 듀이 학교는 듀이 철학의 핵심적 단면을 보여주었으며, 한편 프래그머티즘이 실험만을 강조한다는 오해의 빌미가 되기도 했다. 시카고를 떠날 때 그는 이미 많은 사람들의 주목을 받는 미국의 국가적 인물이 되어 있었다. 1903년에 씌어진 그의 《논리학 탐구Studies in Logical Theory》는 윌리엄 제임스를 감동시켰고, 듀이를 중심으로 한 시카고 학파가 다음 세대의 미국을 지배하게 될 것임을 예언했다.

이후 듀이는 컬럼비아 대학으로 옮겨 철학, 심리학 교수가 되었으며, 바로 거기서 그의 생애에서 가장 왕성한 저술 활동을 펼치게 되었다. 그는 시카고에서 연구한 여러 가지 연구 자료와 성과들을 정리해 여러 권의 책으로 출판하기 시작했으며, 아울러 학문적으로는 철학의 전기를 마련했다. 또한 그는 수없이 많은 해외 순회 강연을 통해 프래그머티즘 철학의 전도사 역할을 했으며, 뉴욕에서의 국제적 위상으로 학계, 정계의 거두로서의 역할을 겸하기도 했다. 그리고 시민 단체, 사회 단체의 대표직은 물론 미국 교육협회장, 미국 철학회장, 미국 심리학회장, 미국 대학교수 협회장을 맡았으며, 심지어 교원노동조합의 창립에 중추적인 역할을 하기도 했다. 1952년 사망할 때까지 70여 년 동안 듀이는 1,000여 편의 논문과 저서를 남긴 대철학자로서, 미국 사회에서 가장 영향력 있는 사상가이자 사회 운동가, 비평가로서 누구도 넘보기 힘든 업적을 남겼다.

존 듀이의 사상 체계가 프래그머티즘 혹은 도구주의instrumentalism라고 불리는 데서 오는 인상은, 비교적 현실적이고, 난해한 관념들이 배제되어 있으리라는 것이다. 하지만 철학이든 교육학이든 듀이의 저술을 접해본 사람들은 기대만큼 완전한 이해에 도달하기가 어렵다고들 말한다. 듀이를 모르는 사람은 없지만, 듀이를 제대로 이해하고 있는 사람은 드물다고 하는 것도 이 때문이다. 한결같이 복잡하고 난해한 체계와 개념들, 게다가 까다로운 문체에 직면하여 제대로 이해에 도달하는 경우는 극히 드문 실정이다.

그렇다면 왜 듀이의 철학은 그 표방하는 바와는 달리 그동안의 철학들이 보여왔던 난해함을 재현하고 있는가? 이는, 가장 평범해 보이는 경험, 자연, 삶, 지식 등의 문제를 철학의 영역에 도입하면서도, 전통 철학의 체계와 개념을 조회하고 대조함으로써 논리적 타당성을 획득하기 위해 제반 가설과 증명들을 전개한 데 기인하는 것으로 보인다. 특히 그의 철학에서는 진리의 문제만이 아니라 역사, 생활, 정치, 교육, 과학과 기술, 사회, 예술 등의 다양한 영역들을 일관된 체계로 관통시켜야 하는 과제로 말미암아 중첩과 비교, 상호 작용, 환원 등의 전개 과정이 체계의 복잡성을 가중시키고 있다. 어떤 점에서 듀이는 새로운 개념들과 체계를 필요로 했는지도 모른다. 생활의 철학, 생활의 예술이 비로소 바로 서고 탄탄대로를 열어가도록 하기 위해 그러한 차선책을 선택했는지도 모른다. 그러나 의심할 여지 없이 철학의 근본은 과거의 관념적인 색채들을 탈색시키고, 시민의 경험으로부터 더욱 풍부한 철학의 내용들을 구축해내고자 하는 데 있으며, 이 점에서는 듀이도 예외는 아니다.

　그의 사상은 크게 보아 미국적 환경과 풍토, 그리고 혁신적인 과학 기술의 발달에 따른 전면적인 사회적 변혁을 반영한 것이라 할 수 있다. 그의 초기 사상에는 심리학과 헤겔의 철학이 결합되어 있었다. 삶의 모든 국면들의 연속성과 상호 의존성, 유기적 통합성이라는 명제의 출발점이 바로 이 지점이기도 하다. 그가 태어난 1859년에 출판된 다윈 Charles Darwin의《종의 기원Origin of Species》은 그의 초기 사상에 큰 영향을 미쳤다. 그리하여 그는 1910년에 〈철학에 대한 다윈의 영향The Influence of Darwin on Philosophy〉이라는 글을 통해 인간의 사고와 철학 자체의 기능에 요청되는 변화는 어떤 것인지를 숙고하게 된다. 이 글은 뒷날의《철학의 재구성 Reconstruction of Philosophy》(1920)을 위한 모색으로 제기된 글이었다. 환경에서 배우며, 환경을 인간의 의도와 지력에 맞게 변화시키는 생물학적 유기체로서의 인간에 대한 개념이야말로 그의 철학적 방법론의 첫걸음이라 할 수 있다.

　이러한 철학적 토대 위에서 듀이는 경험에 대한 길고 철두철미한 반성을 거듭하게 된다. 그의 프래그머티즘의 근간을 이루는 개념은 역시 경험이다. 경험이란 역사적으로나 철학적으로 대단히 다의적인 것이다. 하지만 그는 경험이란 인간이 하나의 유기체로서 환경에 적응해가는 모든 과정이라고 포괄적으로 정의하는 것에서 시작한다. 듀이의 철학을 도구주의라고 부르는 것은, 그가 환경 적응의 과정에서 등장하는 개념, 지식, 사고, 이론, 학문, 예술 등을 유기체가 환경에 적응하기 위해 사용하는 하나의 수단 혹은 도구로 봤기 때문이다. 철학사를 볼 때 경험은 인간에게 필요한 것으로 받아들여졌지만, 경험이 인식에 어느 정도 기여를 하는지에 대한 문제에서는 매우 복잡하게 논의되어 왔다. 듀이는 이러한 역사를 갖고 있는 경험이라는 개념을 새롭게 함으로써 도구주의라는 철학의 한 근간을 형성한 것이다. 이런 점에서 우리는 듀이를 경험주의자 이상의 경험주의자라고 부를 수 있다.

그런 이유를 좀 더 구체적으로 살펴보자. 그는 고대 그리스 시대부터 18~19세기 경험주의까지의 전통적 경험 개념을 철저히 반성하고 비판함으로써 경험주의의 한계를 극복하고 새로운 경험주의를 재구성했다. 전통적 경험 개념은 수동적 개념에 기초한 성격을 띠고 있으며, 주관적 편견과 독단의 독소들을 함유하고 있어 엄정하게 볼 때 경험이 아니라고 지적하는 것이 듀이 경험주의의 기초이다. 듀이가 여러 저서에서 집요하게 추구한 경험 개념은 대단히 광범위한 것으로 발전하며, 그의 무한적 범주로서의 경험은 자연스럽게 자연이라는 개념과 결합되기에 이른다.

자연주의적 경험주의 혹은 경험주의적 자연주의를 좀더

합법화한 저서가 바로《경험과 자연Experience and Nature》(1925)이다. 이 책은 듀이 철학의 핵심적인 내용들을 담고 있으며, 경험은 무언가를 성취하기 위하여 자연 깊숙이 파고드는 수단으로 "자연 속에서 자연으로 이루어지는 것"이라고 강조하고 있다. 이것은 뒷날 저술될《경험으로서의 예술》의 길잡이 역할을 하는 텍스트로서도 의미를 갖는다.《경험과 자연》의 시기에 그는 초기의 관념들로 돌아가 그것들을 재검토하고 여러 가지 가정들을 비판적으로 분석해나갔다. 이 때 그의 철학에서 내적 국면들과 개념들의 관계가 더욱 견고해지기 시작했으며, 더욱 일관된 설득력을 얻기 시작했다. 특히 그는 미적 경험의 핵심인 성질quality을 자연의 한 기능으로 이해하고자 하는 입장을 확인함으로써, 과거의 경험주의가 강조하는, '마음'의 주관적 개별성에 입각한 미적 경험이라는 것과는 차별화된 새로운 시각을 보여주었다.

　듀이 주석가로 유명한 보이드스톤Jo Ann Boydston 여사는 그의 저작들을 세 시기로 나누고 있다. 초기는 1882년에서 1898년 사이로 이때 듀이는 철학, 심리학, 윤리학 등의 다양한 학문을 주유하고 있었다. 이 시기의 주요 저작은 〈라이프니츠의 인간 오성에 관한 새 논문Leibniz's New Essays Concerning the Human Understanding〉(1882)이라는 논문과《심리학Psychology》(1887)이다. 중기는 1899년에서 1924년 사이로, 이 기간에 듀이는 철학과 교육만이 아니라 프래그머티즘 철학자답게 주로 사회 문제를 다루었다. 그의 논문 〈학교와 사회The School and Society〉(1900)와 〈민주주의와 교육Democracy and Education〉(1916)은 급변하는 과학적·기술적 진보에 의한 사회 환경과 민주주의의 발전을 위해, 좀 더 거시적이고 철학적인 차원의 이해를 기반으로 더욱 유기적인 경험의 성취로서의 교육 문제를 다루고 있다.

후기는 1925년에서 1953년 사이로, 이때는 듀이 철학의 중핵을 이루는《경험과 자연》, 듀이 철학의 완성이자 결말이라 할 수 있는《경험으로서의 예술》이 저술되었고, 듀이 자신의 경험 개념이 논리적으로 더욱 완전한 골격과 체계를 갖추게 된다. 이 시기에 이르면 듀이의 경험 개념이 과거의 것과 다르다는 것이 여실히 드러나며, 그는 경험주의를 극복한 '경험주의 위의 경험주의'를 완성해나간다. 경험과 자연과의 유기적 관계, 그리고 예술의 본질과 근간이 바로 경험이라는 사실을 확인한 것은 듀이를 가장 듀이답게 한 부분이다.

2.《경험으로서의 예술》의 형성 배경

《경험으로서의 예술》은 듀이의 프래그머티즘의 정전이라 할 수 있는 저술들이 서서히 완결되어가던 시기에 씌어졌다. 이 책이 출판되었을 때 학계에서는 비상한 관심이 쏟아졌다. 듀이는 수단, 방법, 도구성을 목적만큼이나 강조하는 철학자로 알려져왔는데, 새로 나온 책에서는 목적과 그 맥락에서의 미적 향유라는 문제가 다루어졌기 때문이다. 이 책은 심지어 그의 옹호자들에게서까지 프래그머티즘 혹은 도구주의란 도대체 무엇인가 하는 물음을 새롭게 이끌어냈다. 그들은 이 책을 자신들이 갖고 있는 프래그머티즘에 대한 이해와 상식을 수정하지 않으면 안 되는 암시로 받아들이기도 했다.

그가 《경험으로서의 예술》을 집필하게 된 내적 동기는, 이전의 여러 저술들에서 암시되어왔던 예술 혹은 미적인 것의 본질로서의 경험이 갖는 양상과 관계들에 대한 체계적이고 심층적인 분석이 자신의 철학 체계 내에서 하나의 종착점으로서 요구되었다는 데 있었다. 이에 앞서 듀이는 이미 미학적 저술들을 간헐적으로 혹은 부분적으로 내놓았지만, 본격적인 미학적 저술은 《경험과 자연》 이후 10여 년이 지나 《경험으로서의 예술》을 통해 이루어진 셈이었다. 경험에 대한 탐구에서 가장 질적으로 완성적인 경험을 상정하는 것은 당연한 귀결이며, 그것이 바로 미적 경험이라는 것을 그는 이미 《경험과 자연》에서 밝히고 있으므로, 미학적 저술은 그의 계획 속에 있었던 것으로 보인다.

그러나 무엇보다 가장 직접적인 동기는 방대한 미술품 수집가이자 애호가, 미술 평론가이기도 한 반즈Albert Barnes 박사와의 교류로 알려져 있다. 문학에는 상당한 식견이 있었지만 미술에는 상대적으로 취약했던 듀이는 이 교류를 통해 미술에 관한 자극을 받았으며, 나아가 반스 재단으로부터 집필을 위한 상당한 재정적 후원까지 받았다.《경험으로서의 예술》원본에 실린 도판들조차 반스 재단 소장품들이 대부분인 것을 보면 그 후원의 내용을 짐작할 수 있다. 그리고 원고 내용들의 골격 혹은 주요 부분은 1931년 초 10회에 걸친 하버드 대학에서의 예술 철학 강좌가 인연이 되어 착수된 것으로 서문에 밝히고 있다. 원래 윌리엄 제임스를 기념한 기획으로 의뢰받은 강연이 집필의 계기가 된 것이다. 자료 면에서는 조지프 래트너Joseph Ratner 박사가, 자문 및 보조 역할로는 미술사가인 마이어 샤피로Meyer Schapiro 박사, 미학자 어윈 에드먼Irwin Edman, 시드니 훅Sidney Hook 등이 가세하고 있었다.

《경험으로서의 예술》의 체계와 내용을 분석하기에 앞서 그것의 의미와 의의를 먼저 짚고 넘어가는 것이 좋을 것 같다. 이 저작이 과연 듀이 철학에서 이미 형성된 형이상학적 체계와 결론에 미학 이론들을 단순히 흡수시킨 상태로만 머무른 것인가, 아니면 전체 철학의 본질적 핵심이자 정점으로 정리되고 있는 것인가의 문제는 미학상 대단히 중요한 것이다. 이 책이 출판되었을 때 많은 철학자들은 크게 두 가지 반응을 보였다.

먼저 부정적 반응을 보인 측은 듀이가 이미 성립된 철학의 체계에 '거추장스러운 부록'을 하나 덧붙인 것쯤으로 이 책을 폄훼했다. 특히 지식을 가져다 주는 모든 탐구가 진부한 것임을 논증하고자 했던 분석 미학자들은 듀이의 이러한 저작을 만년에 접어든 철학자의 여가 활동쯤으로 치부하곤 했다.13 분석 철학 혹은 분석 미학은 실용주의 미학에 비판적이었다. 그도 그럴 것이 그들이 주장하는 철학의 임무는, 철학적 명제나 개념을 분석하여 명료하게 나타내는 데 있어서 전통적 철학의 모든 명제는 위장된 경험적 명제에 불과하다고 비판해왔기 때문이다. 그들에게는 듀이의 미학도 예외는 아니었다.

그러나 듀이의 철학과 미학을 옹호하는 사람들은 그의 미학을 이전의 연구와는 다른 새로운 내용을 담은 부록이 아니라 그 이상의 것으로 이해했다.14 즉, 듀이의 미학은 철학적 업적에 덧붙여진 것이 아니라 철학의 정점이자 귀결적인 핵심 부분이라고 보는 입장이었다. 듀이의 철학은 곧 미학이며, 논리학, 형이상학, 인식론, 심리학 등의 영역에서 용의주도하게 연구돼온 모든 것이 미적인 것 혹은 예술적인 것의 지점에서 완성을 이루게 된다는 것이었다. 모리스Bertram Morris는《경험으로서의 예술》에서 그가 예술을 완성의 경험에 대한 어떤 부류의 정제된 본질로 간주하고 있다고 지적한다.15

듀이의 철학을 비교적 비판적이고도 중립적인 입장에서

이해하고자 노력했던 철학자 번스타인도 이러한 견해에 동참하기를 주저하지 않고 있다. 듀이 철학에서의 미학의 비중과 위치에 대해서는 그의 미학이 부가물이라기보다 대미이자 결론이라는 데 대체로 견해가 일치하고 있는 것으로 보인다. 듀이는 앞서 저술한, 경험 이론의 결정체라 할 수 있는 《경험과 자연》의 말미에서 예술적인 것, 미적인 것, 종교적인 것을 함께 다루면서 활동으로서의 철학의 최고 정점이 바로 예술이라고 강조했으며, 아울러 《철학과 문명 *Philosophy and Civilization*》(1931)에서도 철학을 예술로 재구성하고자 하는 입장을 피력한 바 있다.[16] 《경험과 자연》에서 알 수 있듯이 듀이는 이미 자신의 철학적 체계가 예술의 문제로 수렴될 것이라는 생각을 갖고 있었으며, 바로 그러한 구상이 《경험으로서의 예술》을 형성하게 된 것이다.

3. 미학에 대한 미학, 《경험으로서의 예술》

《경험으로서의 예술》에서 가장 중점적으로 강조되는 것은 바로 삶의 정상적인 과정과 미적 경험의 연속성을 회복시키는 것이며, 이는 듀이의 미학의 대전제를 이룬다. 이를 위해 미적 경험에 대한 분석은 우리의 일상적 생활 환경의 맥락에서 출발해야 한다고 그는 말한다. 그는 우리의 일상 생활이 미적인, 혹은 잠재적으로 미적인 경험들로 가득 차 있다는 것을 단순히 지적하는 수준에 머물지 않고, 경험들이 발생하는 환경들과 의미를 분석하는 데까지 나아간다. 따라서 그가 다루는 영역은 우리가 보통 순수 예술이라고 분류하는 장르에 한정되어 있지 않다. 그런 다음 그는 미적 경험의 구성 요소들, 즉 표현, 정서, 율동, 형식, 실체 등을 상세하게 분석해 나가고, 이를 근거로 예술이 인간에게 무엇이며, 그것이 다시 철학에 시사하는 바는 무엇인가를 심도 있게 기술한다.

《경험으로서의 예술》은 모두 14장으로 되어 있다. 제1~3장은 전통 철학이나 전통 미학에서 드러난 미와 예술에 관한 오류나 오해들을 폭넓게 지적·검토하며, 나아가 경험 일반과 미적 경험을 새롭게 이해하여 굳건한 논리적 토대 위에 올려놓고자 한다. 제1장에서는 인간을 생명체의 수준으로 환원하여, 인간이 가지고 있는 본능적 욕구와 그 위협으로 항존하는 환경과의 관계 속에서 발생되는 것이 경험이라고 말한다. 그리고 바로 그러한 동물적 수준의 경험으로부터 잘 정제되고 순화된 형식을 가진 수준의 경험이 구성된다고 기술한다. 제2장은 우리가 미나 예술에 대해 전통적으로 가지고 있는 인식이나 관습을 분석해 그것을 온전히 위치시키고자 하는 내용이다. 이와 아울러 제3장은 예술과 일상의 온전한 통합의 철학적 기초를 마련하고, 경험에 대한 가장 풍부하고 밀도 있는 기술을 전개한다. 이 세 장은 가장 핵심이 되는 부분이다.

4장부터 10장까지는 예술에서 문제가 되는 핵심적 개념들과 체계가 매우 밀도 있게 분석된다. 11장부터는 바로 예술과 미학이 왜 인간에게 중요한 의미와 가치를 갖는지, 예술과 미학이 철학, 과학, 문명에 어떤 기여를 할 수 있는지, 따라서 바람직한 예술의 전형은 무엇인지가 설득력 있게 논의된다.

《경험으로서의 예술》의 전체 구성은 다음과 같다.

(1) 생명체와 미적 경험

듀이는 미학자에게 부과된 가장 시급한 과제가 모종의 연속성을 회복하는 것이라고 생각했다. 이는, 예술 작품이 될 수 있는 조건으로서의 세련되고 강화된 경험의 형식들과, 경험을 구성하는 것으로 보통 인식되고 있는 일상의 사건, 행위, 고통 등과의 연속성을 회복하는 것이다. 미 이론 연구는 예술의 원천인 일상적인 것에서 시작해야 한다는 기본 입장을 가진 듀이는 1장 생명체에서 예술 작품을 기술할 때 다른 미학 저작처럼 예술 작품의 본질을 바로 연역해내는 방식으로 시작하지 않는다. 먼저 동시대 예술의 현실을 진단해 과연 예술이 온전한 연속성을 담보하고 있는지를 파헤치면서 철학적인 탐색에 착수한다.

이 대목에서 그는 우리 현실 내에서 예술이 어떻게 단절·분리되고 유기성과 연속성을 상실하고 있는지를 여러 각도에서 지적한다. 우리가 무의식적으로 혹은 습관적으로 저지르고 있는 예술 현상의 오류를 지적하고 있는 이 작업은, 나아가 근대성의 비판이라는 명제로도 압축될 만하다. 특히 그는 현대 미술의 태胎라 할 수 있는 미술관이라는 것도 제국주의의 산물로서 바로 그러한 단절의 한 표상으로 간주하고 있으며, 경제적 토대의 변화로 인한 고립적인 개인주의적 양상

혹은 비의적이고 현학적인 양상으로 치닫는 현대 미술의 속성을 낱낱이 지적하고 있다. 당대의 예술 상황은 모종의 고립에 처한 것으로, 즉 그 작품 존재의 근원이 인간적 조건으로부터 고립되고, 작품이 실제 생활 경험 안에서 발생하는 인간적 결실들로부터 고립되고 있다는 인식에 기반하여 전개되는 미 이론은 상당한 설득력을 얻고 있다.

따라서 그가 미적 경험과 일상 생활 간의 연속성을 복원시키기 위해 먼저 인간을 유기체로 환원하는 것으로 시작하는 것 역시 자연스러운 일이다. 미적 경험의 원천을 이해하기 위해서는 인간 이하의 동물 생태를 살펴보지 않으면 안 된다는 것이야말로 가장 듀이다운 점이다. 이런 점에서 듀이 미학을 '육질적 자연주의somatic naturalism'[17]라 부르기도 한다. 예술이나 미적 지각을 경험과 결부시키는 것이 곧 그것들의 중요성과 위엄의 손상을 의미한다는 논리는 듀이로서는 아주 위험한 것으로 지적하지 않을 수 없는 것이다.

경험이란 인간이 하나의 유기체로서 환경에 적응해가는 모든 과정이다. 경험이 진실로 경험인 한에서 그것은 활력으로 고양되며, 경험은 개인적인 감정과 감각 안에 갇혀 있는 것을 의미하지 않고, 세계와의 활발하고 밀접한 교제를 의미한다. 그리하여 최고의 경험은 자아와 대상과 사건의 세계 사이의 완전한 상호 침투에까지 이른다. 《경험과 자연》에서 경험이란 자연 '내에in' 있는 것일 뿐 아니라 자연'의of' 것이라고 기술된 바 있다. 즉, 경험은 자연에 부가되는 것이 아니라 자연 내부에서, 그리고 자연을 통해 발생하는 것이라는 의미이다. 따라서 모든 경험이 자연계에서 일어나며, 경험은 유기체로서의 인간을 제외한 나머지 자연과의 상호 작용 안에 인간 유기체를 끌어들이는 자연의 국면이라는 것이다. 이제 경험의 본성은 생명의 본질적인 조건들에 의해 규정된다는 기본 입장을 확인할 수 있다.

듀이가 일상 생활을 가리켜 예술의 원천이라고 할지라도, 그리고 일상 생활의 많은 요소들에 미적인 것의 잠재적 가능성이 있다는 것을 인정한다 하더라도 그는 예술이기 위한 모종의 조건들 안으로 진입하지 않으면 안 되는 문제에 직면해 있다. 이 점에 있어 듀이는 '정상적으로 완전한 모든 경험' 내지는 '의도적으로 개발된 형식'이라는 명제를 제시한다. 즉, 많은 일상적 경험들은 적절히 구성되고 정향될 때 진정한 미적 성질을 띠게 된다는 것이다. 물론 여기에는 '주체와 객체가 상호 작용할 때'라는 전제가 따른다.

듀이에게서 '미적'이라는 개념과 거의 동일하게 취급되는 용어가 바로 '완성'이다. 반드시 예술과 연관된 개념은 아니지만, 막연한 잠재적 상태에서 구별 가능한 원리로 제시된 개념이다. 특히 경험과 자연의 문제로 환원해 들어가고자 하는 입장에서 완성이라는 개념은 듀이가 선호할 수밖에 없는 것이었다. 또한 그는 '미적'이란 개념 자체가 상당 부분 습관적으로 '순수'와 동일시되는 정황도 염두에 두었을 것이다.

듀이에게서 '예술적'이라는 말과 '미적'이라는 말은 명확히 규정되어 있지 않은 편이다. 물론 전통적으로 '예술적'이란 생산 내지는 능동적 행위자의 경험에 관련되고 '미적'이라는 용어는 수동적 관조자 혹은 수용에 관련되어 있다. 그러나 그는 이 양자를 그렇게 구분하지 않고 묶기도 하고 대체 개념으로 쓰기도 한다. 그는 단지 이원론의 산물인 이 구분에 적극적으로 가담할 이유가 없었던 것으로 보인다. 제작자나 수용자 어느 누구도 독립적일 수 없다는 점에서 말이다.

(2) 표현과 정서

예술 작품이 미적 가치를 지니고 있다는 것은 예술 작품에 완성의 경험이 내재되어 있다는 것이며, 그 배후에는 표현 활동이 반영되어 있다는 것이다. 예술가의 활동이 표현의 문제와 밀접하게 관련되어 있다는 것은 의심할 수 없다. 듀이가《경험으로서의 예술》에서 신중하게 주목했던 문제들은 바로 '어떻게 표현하고, 무엇을 표현하는가'의 문제로 압축된다. 이 대목에서도 듀이는 표현을 행위와 대상, 즉 과정과 소산을 함께 포함하는 문제로 이해하고 있다. 그는 앞에서 그러했던 것처럼 엄격한 자연주의에 입각하여, 이 문제에 대한 논의를 예술 활동에 종사하고 있는 직업적 예술가에서부터 시작하지 않는다. 왜냐하면 그는 표현의 근원이 살아 있는 생명체의 좀 더 근본적인 활동에서, 즉 유기체의 역사에서 발견될 수 있다고 단정하기 때문이다.

그리하여 듀이는 막연하게나마 경험, 특히 표현의 동기가되는 충동의 분석에 착수한다. 이 충동을 그는 자극impulse과 충동impulsion으로 구분하면서, 경험과 관련하여 후자를 표현과 관계 있는 것으로 규정하고 있다. 자극은 세부적이고 개별적인 것으로, 환경에 더욱 완전하게 적응하는 것 속에 내포된 메커니즘의 일부이다. 이를테면 식물에 대한 태양의 활동 같은 것이라 할 수 있을 것이다. 한편 충동은 총체성 안에서의 유기적인 운동, 즉 모든 완성적 경험의 최초의 단계이자 동기이다. 듀이도 말하고 있지만, 생득적인 것이든 습관적인 것이든 단순히 어떤 충동에 빠지는 것이 표현으로 발전되어가는 것은 아니다. 왜냐하면 표현은, 표현과 유사하면서도 성질 자체가 전혀 다른 방출이라는 것과 구별될 필요가 있기 때문이다. 방출한다는 것은 제거하는 것이고, 표현한다는 것은 발전하면서 전진해서 완전하게 마무리하는 것이다. 따라서 듀이는 본질적으로 충동이 표현 행위가 되기 위해서는 방출이 조정되고 억제되어야 한다고 설명하고 있다.

또한 표현 행위에서 능동적 행위doing와 수동적 체험undergoing 사이의 관계에 대한 지각이 요구되며, 표현 행위는 매체를 통해 발생된다는 사실이 강조된다. 방출 행위는 어떤 통로를 거쳐 일어나지만, 이 통로는 매체와 뚜렷이 구별된다. 매체는 목적의 내재적 수단으로 사용된다. 즉, 매체는 표현적인 요소들을 통합하는 객관적인 조건인 것이다. 매체의 영역은 매우 광범위하다. 표현 행위의 매체는 자연물이거나 객관적인 조건들이다. 그리고 이러한 것들은 구조화되고 질서화되었을 때만 매체가 된다.

듀이는 표현의 또 다른 원천인 정서에 대해, 다양한 의미로 접근하며 논하고 있다. 그러나 그중 가장 비중 있는 것은 정서를 "예술가의 활동을 움직이게 하고 접합시키는 힘"으로 정의한 것이라 볼 수 있다. 정서는 감정의 상식적인 관념들을 지시하기 위해 사용되거나, 나아가 유기체의 보편적인 질적 경험을 지시하기 위하여 광범위하게 사용되기도 한다. 정서는 표현의 소산 안에 있는 하나의 요소이지만 그 '결과물의 의미심장한 내용'은 아닐 수도 있다. 정서적 방출은 흐느끼거나 기쁨의 탄성을 지를 때처럼 관찰자에게만 표현적이다. 그러므로 그것은 표현 행위의 유일한 구성 요소가 아니다. 결국 정서가 상황의 요소들을 종합하는 작용을 할 때만 표현 행위가 발생할 수 있다.

미적 경험이 완성적이듯 이러한 통합과 접합의 기능을 실행함으로써 '미적 정서'는 확인될 수 있다. 형식적으로 정의하자면, 정서는 그것이 표현적인 행위를 통해 형성된 대상에 부가되었을 때 표현 행위가 정의되었다는 뜻에서 미적이라는 것이다. 일반적으로 정서는 발전되고 완성되는 가운데 상황의 성분들을 통일시키고 통합시키는 수준에서 미적 정서가 된다. 따라서 예술가의 활동에서 나타난 정서적 환경들이야말로 완성의 경험을 촉진하는 과정에 참여하는 개인에게 중대한 요인의 역할을 하게 될 것이다.

(3) 표현적 실체와 형식

보통 예술의 대상들은 표현적이라 말한다. 따라서 예술 대상은 언어로 간주될 수 있다. 각 예술 장르와 양식이 자체의 매체를 지니고 있으며, 그 매체는 특정 부류의 소통에 부합된다. 각 매체는 자기만의 방식을 가지고 다른 언어로는 설명될 수도 없는 것들에 대해 말한다. 사실 예술이란 다른 언어로는 전달될 수 없는 무엇을 말하는 것이다. 언어는 말해질 뿐 아니라 청취되었을 때 존재한다. 청자는 화자에게 없어서는 안 될 상대이다. 예술 작품도 마찬가지로 창작자의 경험 속에서 작용할 때만 완전해진다. 따라서 언어는 화자, 발화 대상, 청자가 이루는 삼자 관계를 내포하고 있다. 제작 중인 예술 작품의 경우라면 예술가가 화자와 청자를 겸하게 될 것이다. 그 매체가 무엇이든 모든 언어는 무엇이 말해졌는지(실체sub-stance), 어떻게 말해졌는지(형식form)를 내포한다.

듀이는 형식을 재료에 부가된 것으로 간주하지 않고 있다. 예술 작품에서 형식은 자연 질료들 혹은 매체들의 특수한 형태나 구조 이상의 것으로 간주된다. 아울러 형식은 자아와 동화하여 경험 속에서 새롭고도 뚜렷한 의미들을 산출시키는 자연 질료들을 유기화하는, 즉 그것에 생명을 불어넣는 도구이기도 하다. 이로써 듀이는 예술 작품에서 드러나도록 (혹은 의미되도록) 만들어진 것이 무엇인가 하는 것과, 그것을 드러낸 방법이 무엇인가 하는 것을 구별할 수 있게 된다고 본 것이다. 근본적으로 그는 이 양자, 즉 실체와 형식이 통합되어야 한다고 강조한다. 골퍼가 공을 쳤을 때 공을 치는 방식과 공이 날아간 거리는 대체로 연관되어 있다. 반성 혹은 분석은 형식(스윙)과 실체(공이 날아간 거리)를 구별할 수 있으나, 그것들은 각각 통합의 관점에서 볼 때 결합적 혹은 연속적으로 존재하는 것이다. 이렇게 보면 형식은 단순히 테크닉이나 자연 질료들의 정적인 배열이라는 식의 정의와는 상당히 다른 것임을 알 수 있다.

표현적 실체를 듀이는 주제subject와 중점 내용subject-matter의 관계 속에서 재검토하고 있다. 듀이는 양자를 비교하여 예술 작품의 주제를 전달할 수는 있으나 예술 작품의 실체를 온전히 전달하는 것은 불가능하다고 정리하고 있다. 예술 작품의 주제는 새로운 의미들을 알려지도록 만드는 전달 수단으로 테마 혹은 토픽 등과 동의어가 될 수 있다. 반면 예술 작품의 실체는 우리의 축적된 의미들을 통해 구체화될 것이다. 표현적 실체의 온전한 전달이 불가능하다는 이유가 바로 여기에 있다. 중점 내용은 개인으로서의 창작자가 예술의 결과물(작품)에 자신의 개성을 투영한 집합적 경험 즉, 축적된 의미들이라 할 수 있다.

여기서 듀이는 앞서 말했던 표현적 실체와 형식의 통합과는 달리, 주제와 표현적 실체 간의 구분은 필요하다고 강조하고 있다. 주제와 실체 간의 근본적인 차이가 인정되지 않으면 작품을 판난할 때 중점 내용에 대한 왜곡이 이루어질 우려가 있기 때문이라고 말한다.[18] 주제와 표현적 실체 간의 구분이 이루어져야 한다는 논리를 위해 하나의 일화가 소개되고 있다. 어떤 부인이 마티스Henri Matisse에게 그의 그림 속에 있는 부인과 같은 부인을 결코 본 일이 없다고 불평하자 마티스는 "부인, 부인이 본 것은 여자가 아닙니다. 그것은 그림입니다"라고 했다는 것이다.(A. E., 113) 앞의 불평을 한 사람은 주제와 표현적 실체를 혼동하고 있지만 마티스는 주제와 표현적 실체를 구분하고 있음을 예시하는 사례라 하겠다. 결국 예술 작품의 표현적 실체는 표현의 소산, 즉 개성화된 경험을 통해 산출된 새로운 의미들과 동의어이다. 그리고 개별적인 대상이나 사건의 주제는 이러한 새로운 의미들이 산출되어왔던 전달 수단이다. 나아가 예술 작품의 중점 내용은 한 사람의 개인 혹은 예술가가 작품에 쏟아붓는 축적된 의미들이다.

형식과 재료가 예술 작품 내에서 연관되어 있다는 사실은 그것들이 서로 동일하다는 것을 뜻하지는 않는다. 그것은 예술 작품에서 형식과 재료가 서로 구분되는 두 가지이며, 스스로를 드러내지 않는 상태에서 서로 침투한다는 것이다. 듀이는 바로 이를 기초로, 예술 작품이란 형식화된 재료로 정의될 수 있다고 말한다. 대체로 형식은 관계들에 의해 규정되는 것으로 당연히 그것들의 관점에서 접근된다. 관계들의 모든 집합들이 미적인 것은 아니기에 부가된 그 무엇이 요구된다. 이에 듀이는 '미적 형식esthetic form'이라는 말을 '선택된 매체 안에 있는 관계들의 완전성 혹은 전체성'으로 정의한다. 원래 '관계'란 사유 내에서 이루어진 연관 혹은 연쇄를 지시하기 위한 개념이다. 그런데 관계란 단지 '관념들의 연상'을 통해 지적으로 인지된 일들이 아니라 자연 내부의 역동적이고도 활발한 일들의 상태라는 성격을 갖는다. 듀이가 예술을 하나의 진술이 아니라 표현이라 말하는 것도 바로 예술이 이 자연의 역동성을 기초로 하고 있기 때문이다.

(4) 에너지의 조직화

앞에서 지적했듯이 듀이에게서는 완성의 경험뿐만 아니라 미적 경험도 정적인 것이 아니다. 즉, 미적 경험은 전체적으로 관조적이지도 않고 심적인 거리psychical distance를 지니지도 않은 경험이다. 따라서 그러한 경험들은 발전적인 경험들, 즉 요소들과 에너지들이 축적되고 부단히 진행되는 통합을 이루게 된다. 또한 외부적인 질료들은 '미적 반응'을 위한 자극들일 뿐만 아니라, 미적 경험을 형성하는 필수적인 성분들이기도 하다. 이런 성찰에 근거하여 듀이는 예술 작품work of art과 예술품art product을 구분하고 있다(사실 그의 이런 구분은 듀이의 미학 이론 서두에서 전제될 필요가 있다. 흔히 일상 생활에서 후자를 예술 작품이라 말하는 경우가 많기 때문이다). 이 구분을 강조하는 것은 미적 영역 안에서의 주관과 객관의 관계를 더욱 명료하게 하려는 의도 때문인 것으로 보인다.

그에 따르면 예술품은 건축물, 소설, 그림, 조각 등과 같이 예술의 외부적인 질료를 말하며, 그것은 물리적이고 잠재적인 성격을 지니며 복합적인 상호 작용의 시작으로 간주된다. 한편 예술 작품은 예술품이 경험 안에서 행하는 활동으로, 예술 작품은 한 개인이 예술품과 상호 작용하여 실현된 것으로, 예술품의 해방적이고도 질서화된 특징들이 시야 속에서 향유되는 하나의 경험이 될 때 발생한다. 그러므로 예술품의 성분들, 즉 미적 경험을 구성하는 것들은 대상 속에만 혹은 주관의 관찰 속에만 있는 것은 아니다. 뿐만 아니라 어떤 식으로 다루어지고 정돈된 자연 질료들로서의 예술품의 성분들은 인간에 의해 채택되기 때문에 미적 경험을 구성하게 된다. 결국 이러한 예술 작품은 미적 경험이 어디까지나 상호 작용의 결과이지 단순히 '반영'하는 것도 혹은 '심적 거리'도 아니라는 사실을 뒷받침해준다는 것이다.

여기에서의 관심은 이러한 상호 작용, 즉 예술 작품이 실현되는 데 있어서의 자아와 예술품의 참여로, 듀이는 하나의 예술품이 그 자체로 어떤 예술의 본질을 소유하고 있는 것이 아니라 사회적으로 정의된 문제라는 사실을 우리가 알 수 있다고 지적한다.(A. E., 8장) 따라서 중요한 것은 예술 작품이다. 여기서 그는 완성의 경험과 미적인 경험을 구성하는 주요한 요소들과 과정들을 상세히 논하고, 아울러 이것들이 예술의 특수한 매체가 인식되도록 만들어진 의미에 어떻게 맞물리고 있는가를 논하고 있다. 이러한 역동성과 상호 작용에 이어 좀 더 자연적인 조건인 율동의 개념이 등장한다.

　듀이는 형식이 가능하도록 하는 세계의 특성을 율동이라고 정의한다.(A. E., 6~7장) 세계와 환경은 억제check, 저항 resistance, 촉진furtherance, 평형equilibria 등을 부여하는데, 이러한 것들은 유기체의 에너지들과 적절한 방식으로 만날 때 형식을 구성하게 된다는 것이다. 이러한 율동의 예가 바로 여명과 황혼, 낮과 밤, 비와 햇빛, 계절, 달의 주기, 번식이나 생식, 남성과 여성, 탄생과 죽음, 각성과 수면, 노동과 휴식 등이다. 형식의 조건들은 세계 속에 깊이 뿌리를 내리고 그것들은 율동의 추진력을 통해 실현된다. 율동은 자연의 관찰된 특징일 뿐만 아니라 몰입적이고 내면화된 자연의 특징이며, 인간 경험의 조절자 역할을 한다. 따라서 율동은 예술 작품뿐만 아니라 예술품의 특징이며, 그것이 과연 어떻게 예술 작품의 조건이 되는가를 조사하는 것이 그의 관심사이다. 능동적 행위와 수동적 체험의 상호 침투, 수단과 목적의 상호 침투는 발전과 통합의 경험 속에서의 율동의 실현을 통해서만 지각될 수 있다. 모든 통합된 경험은 율동을 소유하게 된다. 반복 없이는 어떠한 율동도 존재하지 않는다. 다만 이 점에 있어 듀이는 율동이 고정적, 구조적인 요인으로 용인되어서는 안 되고 오히려 기능적, 도구적인 요인으로 용인되어야 한다고 강조한다. '변화들의 질서 있는 변이', 즉 율동은 발전적이고 축적적인 보존을 수행하게 되며, 이러한 축적적 보존의 율동이 경험의 통합에 필수적 조건이 된다는 것이다. 이러한 점에서 변이는 율동에 본질적인 것이라 할 수 있다. 안정이 너무 지속되면 상투적인 일상으로 전락한다. 이는 예술혹은 미적인 과정에 있어서도 참이다. 변이가 충분한 작품이 지루함이나 싫증을 주지 않는다는 의미이다.

회화, 드라마, 소설, 건축이 하나의 질서 있는 의미를 이룬다는 것은 다른 시간 단위들이 상호 작용하는 것을 의미한다. 그것은 앞에 있었던 것들을 기록하고 종합하며, 아울러 다가올 것을 환기하고 예측하는 것과 같은 단계에 도달하게 된다는 의미이다. 모든 종결은 하나의 각성awakening이며, 모든 각성은 무언가를 정착시킨다. 이러한 상태를 '에너지의 조직화organization of energies'라고 부른다. 듀이에게 에너지의 조직은 진행되는 발전적 경험으로서 측정될 수 있는 것이다. 즉, 밀려들어오는 것과 나가는 것의 통제, 그리고 축적적이고도 통일된 경험을 형성하는 데 있어서의 전진과 축약의 관리는 어떤 계량적인 혹은 수치적인 것과 같이 측정된다는 것이다. 예술 작품 내에서 측정이 가능한 국면이 바로 보통 균제symmetry라고 불린다.

(5) 예술에 있어서의 실체

예술은 어느 정도 감각적인 방식으로 작용한다. 예술 작품 안에서의 의미는 감각 안에서 성립되는 것이다. 경험과 자연의 이원론적 관념과 달리 듀이의 견해는 의미, 개성 등이 감각 위에 세워진 것도 아니며, 또한 감각에 의하여 상징화된 것도 아니라는 것이다. 오히려 왕성히 활동하는 감각 안에서 의미나 개성이 드러난다. 그러나 전통 철학에서 감각은 무시되거나 변방의 요소로 여겨졌다. 모든 통합적 경험의 지배적 성질은 매체에 의하여 수행되는 것이라는 듀이의 생각은 감각의 문제와 함께 많은 관념론자들의 생각과 상반된다. 매체의 중요성은 매체가 미적 경험을 위한 운반 수단으로 작용한다는 사실에 있는 것이 아니라, 오히려 매체가 개인과의 관계 속에서 미적인 경험을 산출하고 있는지도 모른다는 개연성에 있다. 그리고 우리의 감각들은 통합적으로 작용하고 있다. 따라서 상이한 감각들이 어떤 특수한 감각의 에너지를 다른 감각에 전달할 때 비로소 온전한 지각이 성립된다고 말할 수 있다.

앞에서도 언급했지만, 매체에 대한 듀이의 인식은 물성을 중시하는 현대 예술의 환원주의적 경향을 예언하기라도 하는 듯하다. 그는 매체가 예술가와 지각자의 중간자인 것을 인정하고 있다. 그러나 매체의 중요성은 단지 매체가 적절하게 이용될 때 그것이 예술가의 의도를 옮기는 운반자라는 데 있는 것이 아니라, 직접적으로 지각되는 의미의 구현이 바로 매체가 된다는 사실에 있다. 그에게 어떤 특수한 매체는 적절하게 취급됨으로써 전이되는 것, 그 이상의 의미를 발생시키는 것으로 이해된다. 따라서 하나의 예술품은 그 매체의 역할로 말미암아 예술가의 의도를 단순히 옮겨놓은 것이 아니라 그 의도를 소유하고 구현하고 있는 것이라며 듀이는 들라크루아Eugène Delacroix의 예를 들고 있다.

"들라크루아는 동시대의 화가들이 색채를 이용하기보다는 배색coloration을 이용한다고 말한다. 그 말은 그들이 색채로 대상들을 만들어놓은 것이 아니라 그것들의 재현을 위해서만 색채를 더했다는 의미이다…. 회화의 역사에서 가장 위대한 미적 혁명은 색채가 구조적으로 사용되었을 때 나타났다. 그리고 그때부터 사람들은 채색된 드로잉들에 머무는 것을 중단했다. 따라서 진정한 예술가는 자기 매체의 관점에서 보고 느끼는 사람이며, 그리고 그렇게 미적으로 지각하는 것을 배운 사람은 그러한 작업을 경쟁적으로 본받았다".(A. E., 200)

여러 예술의 실체에 공통적인 또 하나의 문제는 공간과 시간이다. 예술에서의 시공에 대한 이해는 여러모로 특이하다. 시간과 공간 모두 밀접하게 연관되어 있다는 것 말고도, 직접적인 경험 내에서의 시간과 공간은 이른바 성질로서 느껴진다. 그리고 그렇게 느껴지는 것이기에 시공은 예술적 표현에 선택된 모든 질료의 속성이 된다. 과학은 시공을 등식 관계들로 환원시킴으로써 양적인 방식으로 처리하고 있다. 즉, 과학은 직접적인 경험에 관심을 두고 있지 않다. 과학은 예술과 달리 하나의 경험을 구성하지 않는다. 예술만이 시공을 모든 사물들의 실체의 의미심장한 가치들로 드러나도록 한다. 듀이는 예술을 공간적인 것과 시간적인 것으로 구분하는 것은 시공이 경험 속에서 성질로 느껴진다는 사실을 무시하는 것이라고 지적한다. 시간적인 것과 공간적인 것은 각자 상대의 품속에 상호 침투해 있고, 주목하는 강조점이나 관심에 의하여, 즉 상대적으로 혹은 일시적으로 구분되는 것에 불과하다.

조형 예술은 상하, 좌우, 전후와 같이 성질로 느껴지도록 만드는 능력에 의해 변화의 공간적 국면들을 강조하며, 시간 예술은 이와 마찬가지의 유형으로 밀어닥치고 물러서는 것을, 가속과 지체를, 조임과 풀어헤침 등을 다루고 있다. 그러나 듀이는, 시공이 성질로 경험된다 하더라도 그러한 것들이 하나의 단일한 성질로서 경험된다고 단정해서는 안 된다는 문제를 지적한다. 왜냐하면 성질들이 내부에서 무한히 다양화되어 있기 때문이다.

(6) 인간적 기여와 철학에 대한 도전

그렇다면 예술은 과연 우리에게 어떤 기여를 하고 있는가? 이 주제는 심리적 차원의 논의로 요약할 수 있으며,《경험으로서의 예술》11장의 중점적 내용이기도 하다. '인간적 기여'라는 말은 보통 심리주의적이라 불리는 미적 경험의 국면들이나 관계에서 생각할 수 있다. 전통적으로 심리적 요인들에 관한 논의가 예술 철학의 보편적, 필수적 조건으로 받아들여지고 있지는 않다. 그러나 듀이는 심리석 요인들이 철학에서 배제될 수 없으며, 철학사의 이면이나 세부적인 면에서 잘 드러난다고 지적하고 있다. 역사상 유명한 철학적 학설들의 내면을 들여다보면 심리학적 용어들이 가득 차 있으며, 당대에 인기 있는 심리학적 해석의 모델들이 삽입되어 있다는 것이다. 이런 이유로 듀이는 감각, 직관, 관조, 의지, 연상, 정서 등의 용어에 부과된 특정 의미를 일단 지워버리자고 제안한다. 그렇지 않으면 미학의 중대한 부분이 상실될 것이기 때문이라고 말한다.(A. E., 243)

더욱이 이 용어들 각각에는 심리학의 다양한 학맥에 의해 여러 의미가 부여되어 있다. 예를 들어 '감각'은 경험을 구성하는 기본적인 유일의 요소라는 개념에서부터 동물 생태의 저급한 형식의 유물이라는 단계로까지 널리 걸쳐 있다. 따라서 후자는 인간의 경험에서는 최소화되어야 하거나 혹은 배제되어야 할 것으로 간주된다. 미학 이론은 고풍스러운 심리학의 화석들과, 심리학적 논쟁의 잔해들 속에 매몰되어 있다. 따라서 미학의 심리학적 국면에 대한 논의는 피할 수 없다는 것이 듀이 도구주의의 기본적 입장이다. 예술가는 그의 개성에 따른 흥미와 태도를 가지며, 모든 구체적인 예술 작품에는 별개의 성격이 있기 때문에, 예술 작품 그 자체에 있어 개개인에게 주어지는 기여도가 탐구되어야 한다.

그러나 주지하듯 심리적인 것은 항상 주관주의의 위험을 안고 있다. 그럼에도 불구하고 듀이가 심리적 측면에 집중하는 것은 거기에 주관주의를 극복할 수 있는 단서가 있다고 믿기 때문이다. 개별적 결과나 반응들 간의 적지 않은 차이에도 불구하고, 정상적인 사람들에게는 공통적인 성질 constitution이 있는 것으로 지적된다. 정상인들은 동일한 손, 기관, 체격, 감각, 애정, 열정을 가지고 있으며, 똑같은 음식을 먹고 지내며, 동일한 무기에 다치며, 동일한 질병에 감염되며, 같은 치료법으로 치료받으며, 기후의 변화에 따라 함께 추워하고 더워한다. 이러한 공통적 성질이란 결국 자연 조건에 관련되는 것이며, 그 안에 기여도라는 것이 가늠될 수 있는 근거가 있다는 것이다.

모든 경험은 신체와 정신 어느 한쪽에 일방적으로 치우쳐 있지는 않다. 모든 경험은 '주체'와 '객체' 혹은 '자아'와 '환경' 간의 상호 작용에 의해 구성되기 때문이다. 내면적인 기여도가 우세함으로써 '정신적'이라 불리는 그 경험들은 직·간접적으로 좀 더 객관적인 특성의 경험들과 관련된다. 그러나 사실은 정신적 경험이라는 것 자체가 듀이가 경계해 마지 않는 구별이 낳은 산물이다. 따라서 그것들은 우리가, 내적 요인들과 외적 요인들이 합병되어 각각이 그 특유의 성질을 상실한 모든 통상적인 경험을 할 때만 이해될 수 있다고 강조된다. 하나의 경험에서 물리적, 사회적 세계에 속하는 사물들이나 사건들은 인간적 구성을 통해 변형되지만, 생명체는 자기의 외적인 것들과의 교류를 통해 변화하고 발전한다.

경험의 생성과 구조에 관한 위와 같은 개념은 미학의 주역이 되어온 심리학의 여러 개념을 해석하고 판단하는 데 이용되는 기준이다. 그 심리학 개념들의 상당수가 유기체와 환경 간의 분리에 뿌리를 두고 있다는 점 때문에 듀이는 비판의 의미를 담은 '판단'이라는 개념을 사용한다. 경험이란 자아 내에서만 일어나는 그 무엇이며, 외부와의 관계를 내포하거나 지탱하는 그 무엇이다. 바로 이런 점에서 모든 심리적 진술이나 과정들은 자연 환경 내에서 살고 있는 것과 같은 생명체의 기능으로 생각되지 않는다는 것이다. 자기와 세계의 고리가 단절될 때, 양자가 상호 작용하는 다양한 방식도 서로 단일하게 결합하지 않게 되고, 상실, 감각, 감정, 욕망, 목적, 지식, 의지 등으로 개별적 단편이 된다. 체험과 행위 간의 상호성을 통한 자아와 세계 간의 본질적 결합, 그리고 분석적 경향들이 심리학적 요인으로 도입한 모든 구별들이란 것도 자기와 세계의 연속적이고 다양한 상호 작용의 상이한 국면이자 상황에 지나지 않는다.

듀이는, 역사적으로 심리학적 구분의 발생은 순수한 내성內省, introspection에 근거했다고 하나 실제로는 사회적으로 관찰되는 사회적 차이만을 참고한 것에 불과하다고 비판한다. 플라톤의 직업이나 계층 구분이 그 예가 된다. 그러나 지성적인 국면과 감각적인 국면, 정서적인 국면과 이상적인 국면, 인간 본성의 상상적인 면과 실천적인 면 사이에서는 본질적인 심리주의적 구별이 무용하다는 것이 듀이의 입장이다. 예술의 임무는 인습적 차별을 타파하고 이를 그 근저에 있는 경험 세계의 공통적인 여러 요소에 통일시키는 것이며, 또한 그와 함께 어떤 공통적인 여러 요소에 대한 사고 방식이나 표현 방식으로서의 개성을 발달시키는 것이다. 아울러 여러 차별을 조정·통합하고 인간적 존재의 여러 요소 간의 고립이나 갈등을 제거하고 또한 그 대립을 이용하여 풍부한 인격을 쌓아 올리는 일이 개인에게 있어서의 예술의 임무가 된다.(A. E., 248)

유기체와 외계가 극단적으로 유리된 예는 미의 철학에서도 적지 않다. 마음에 의해 대상으로 투사된 것이라는 생각의 배후에는, 미적 성질은 대상으로서의 사물에 속하지 않는다는 생각이 자리잡고 있다. 그러한 분리야말로 대상 속에 쾌감이 주어지는 것——그리하여 대상과 쾌가 경험 안에서 일체를 이루는 것——이 아니라고 정의하는 요인이며, 미를 '객관화된 쾌감'으로 정의하는 요인이다. 이 점에서 듀이는 경험의 다른 분야에서 자아와 대상의 예비적인 구별은 합당할 뿐 아니라 필수적이라 말한다. 하나의 경험은 자아와 대상들이 상호 작용하는 방식에 인과적으로 의존한다고 일단 인식될 때 여러 심리적 현상들이 검토될 수 있다.

먼저 근대 이래 예술론에서 중요한 개념으로 등장한 것이 관조contemplation이다. 언뜻 관조는 드라마, 시, 그림의 경험에 종종 수반되는 흥분되고 열정적인 심취를 의미하는 데는 부적당한 개념으로 생각될 수 있다. 그러나 세심한 관찰이라는 것은 미적인 지각을 포함한 모든 진정한 지각에 본질적인 요소이다. 그러나 어떻게 이 요소가 단순한 관조의 활동이 될 것인가 하는 문제가 제기된다. 이 점에 대해 듀이는 칸트의 《판단력 비판Kritik der Urteilskraft》을 조회하게 된다. 칸트의 구별과 구획적 분할의 철학은 미를 다른 경험 양식에서 분리하고 그것에 인간 본성의 구조에 과학적 기초라는 것을 부여함으로써 후세의 이론에 영향을 미친 것으로 유명하다. 그에게 있어 판단 기능은 관조에서 실행된다. 이렇게 관조에 참여한 쾌가 바로 미적 요소이다. 칸트 심리학의 문제에서는 '관조'의 것이 아닌 모든 '쾌'는 완전히 개인적이고 사적인 만족에서 오는 것으로 가정된다. 따라서 심리학적인 길은 모든 욕구와 행위, 정서의 소용돌이와는 거리가 먼 '미'의 상아탑으로 직결되고 만다는 것이다. 그 영향으로 최근의 미학 이론에서는 무관심성, 격리, 심적 거리라는 개념들도 관조와 같은 방식으로 이해된다. 이는 오늘의 예술이 고립을 자초하게 만든 하나의 미학적 근간이면서도 예술이 예술이도록 하는 요소로 지적되고 있다.

이어서 이와는 상이한 심리적 국면으로 상상력의 문제가 논의된다. 상상력은 인간에 대한 기여라는 측면에서 어떤 양상보다 특별하고 자기 충족적인 기능으로서 취급되며, 신비스러운 잠재성을 지닌 것으로 간주된다.(A. E., 267) 예술 작품 창작에서 상상력의 본성을 판단해보면, 상상력은 제작과 관찰의 모든 과정에 침투하며 활력을 주는 어떤 성질로 인식된다. 상상력은 사물들을 하나의 통합적 전체를 구성하고 있는 것과 같이 보고 느끼는 하나의 방식이다. 오래된 친숙한 사물들이 경험 속에서 새롭게 될 때 상상력이 존재한다. 상상력이 형태를 취할 때 예술 작품이 탄생한다는 것이다.

듀이는 미술뿐만 아니라 과학과 철학의 역사는, 상상력이 풍부한 작품이 처음에는 그 깊이나 범위에 비례하여 대중의 비난을 받는다는 사실의 기록이라고 지적한다. 처음에는 비판을 받다가 후세에 가서 크게 각광을 받는 경우가 비일비재하다고 그는 보았다. 이는 당대의 체계가 대부분 습관이나 타성에 지배되고, 상상적인 것은 하나의 전망적인 '계시revelation'와 관련된다는 얘기다. 예술에서의 계시는 경험을 가속적으로 확장시키는 것이다. 예술은 이해된 것에서 출발하여 (새로움 등의) 경이로움으로 끝난다. 이러한 결말에서 예술이 인간에게 기여하는 바는 인간 본성을 활발하게 작용시킨다는 데 있다고 볼 수 있다.

표현은 인간들을 서로 분리시키는 장벽을 돌파한다. 예술은 언어의 가장 보편적인 형식이기 때문이며, 문학과도 별개로 공공 세계의 공통적 성질에 의해 구성되기 때문이다. 아울러 예술은 소통의 가장 보편적이고도 가장 자유로운 형식이기 때문이다. 즉 예술은 가공할 힘을 가진다는 것이다. 듀이는 이 점에서 예술 작품에 의해 생성된 교류의 의미가 분명히 종교적인 성질을 띠기도 한다고 단언한다. 태고부터 현재까지 출생, 생사, 혼인 등 인생의 대사를 기념해온 제의祭儀의 원천이 인간들의 상호 융화인 것이다. 예술은 사람들을 통합시키기 위한 제의와 의식의 확장된 힘으로, 인생의 온갖 사건이나 장면에까지 미치지 않는 곳이 없다. 예술이 인간과 자연을 결합시켜준다는 것은 친숙한 사실이다. 예술은 또한 인간이 서로 그 기원과 운명을 함께하고 있다는 것을 자각케 한다는 점에서 예술 자체를 넘어서는 기여로 기록될 만하다.(A. E., 270~271)

듀이는 상상력이야말로 의미들이 현재의 상호 작용 내에서 자기의 방식을 찾을 수 있는 유일한 길이라고 강조한다. 상상력은 또한 새로운 것과 과거의 것에 대한 의식적인 조정이다. 기계와 달리 예술 작품은 상상력의 결과일 뿐만 아니라, 물리적 실존의 영역에서보다는 상상적으로 작용한다. 예술 작품이 하는 일은 하나의 직접적인 경험을 집중하고 확대하는 일이다. 미적 경험이 형성된 질료는 상상적으로 생겨나는 의미들을 표현한다. 그것은 기계에 새로운 관계를 야기하는 재료와 같이, 실행될 수도 있는 대상의 실존을 넘어 의도하는 수단을 제공하는 것만은 아니다. 그러나 상상적으로 소환되고 결집되고 통합된 의미들은 여기 그리고 지금 자아와 상호 작용하는 재료의 존재에서 구체화된다. 따라서 예술 작품은 그것을 경험하는 사람의 편에서 상상력을 통해 각성하고 조직화하는 활동에 대한 하나의 도전이다.

듀이는 이러한 사실이 미적 경험의 독자성을 구성하며, 역으로 이 독자성은 사상에 대한 하나의 도전이라고 지적한다. 그것은 특히 철학이라 불리는 체계적 사상에 대한 도전이라고 역설한다. 무엇보다 심미적 경험은 완전한 경험이기 때문이다. 경험 이상의 무엇을 나타내는 것으로서의 '순수'가 있다면, 미적 경험이야말로 순수하다고 할 수 있다. 왜냐하면 미적 경험은 경험으로서의 발전을 저해하고 혼란시키는 힘들로부터 자유로운, 즉 그 자체 외의 어떤 것에 종속시키려는 기도나 요인들로부터도 자유로운 경험이기 때문이다. 미적 경험에 대해 철학자는 경험이 무엇인지를 이해하는 데까지 나아가야 한다. 듀이는 자신의 미학이 철학의 부가물이 아니라 그것의 완성이자 정점이라고 언급해왔는데, 그 진술들이 바로 이 지점에서 재확인된다.

듀이 미학은 경험의 구조 안에서 한 역할을 맡고 있는 요인에서 시작하여, 감각, 정서, 이성, 행위 등 단일의 요소에 의해 미적 경험을 해석하고 설명하려 했다. 상상력 그 자체는 다른 모든 요소들을 용해시키는 것이 아니라 특수한 기능을 지닌 것으로 간주된다. 우리는 여러 부류의 미에 대한 철학이 경험을 구성하는 경우 어떤 요소를 중심적·특질적인 요소로 간주하고 있는지 검토할 수 있다. 이 점에서 출발하게 되면 우리는 여러 학설이 스스로 무언가의 유형 가운데 몰입되어 있으며, 제기된 경험의 개별적 요소가 미적 경험 자체와 대조될 때 학설의 결점을 드러낸다는 것을 알게 된다고 한다. 왜냐하면 그러한 문제의 미학 체계는 미적 경험으로 하여금 스스로를 말하게 하지도 않고, 어떤 선입견을 경험에 내포시키는 것으로 드러나기 때문이다.

경험은 과거의 의미와 새로운 정황들을 융합함으로써 양자를 변형시키는 것으로 의식이 주어지기 때문에, 예술이란 허구make-believe의 한 형태라는 이론, 즉 허구 이론이 자연히 대두된다. 이 이론은 하나의 경험으로서의 예술 작품과 '실제' 경험 간의 대조에서 성장하며 거기에 의존하게 마련이다. 이제 상상적 성질의 미적 경험 지배로 말미암아, 미적 경험은 세상 어디에도 없었던 빛의 매개 안에서, 즉 허구적으로 존재한다는 가설을 접하는 것이다. 아닌 게 아니라 가장 '사실적인' 작품조차 역시 그것이 예술 작품이라면, 우리가 생생하다고 부를 만한 규칙적이고 친숙한 사물을 모방하고 재생하는 것은 아니다. 예술을 모방적이라고 정의하는 모방론, 그리고 예술에 수반되는 쾌를 단순한 인식의 하나로 상정하는 주지주의적 예술론과 결별할 때, 허구 이론은 미의 진정한 한 단서를 확보하고 있는 것이다.

하지만 듀이는 예술의 허구 이론이나 환영 이론도 한계가 있음을 지적한다. 그것은 바로 특정 요소 하나만을 지나치게 강조하고 있다는 데 있다. 이것의 오류는 미적 경험이 이론적 확립의 토대인 요소들을 결여하고 있다는 데 있지 않고, 하나의 요소만을 고립시켜 마찬가지로 본질적인 다른 요소들을 부정하는 데 있다. 한편 그의 도구주의 철학이 수단 일변도의 것이 아니라는 사실을 알 수 있는 단면이 이 지점에서 드러난다. 예술을 위한 소재가 아무리 상상적인 것이라 할지라도, 그 소재가 질서 있고 조직화될 때만 환상으로부터 예술 작품의 내용이 나오며, 목적들이 소재의 선택과 발전을 지배하는 때만 이 효과가 나타난다는 것이다.

반면 몽상과 환상의 특징은 목적에 지배되지 않는다는 데 있다. 관념이 부유하지 않고 어떤 대상 속에서 구체화될 때만 예술품이 생산된다. 제작과 감상 양쪽에 지배적인 요인으로서 목적의 중요성이 자주 간과된다. 그 이유는 목적이 경건한 염원이나 동기라 불리는 것과 동일시되기 때문이다. 목적은 앞서 살펴본 중점 내용에 의해서만 존재한다. 목적은 가장 유기적인 방식으로 한 개인의 자아를 내포한다. 이 같은 내용에서 듀이의 도구주의가 막연히 수단만을 강조한다고 하는 것은 오해라고 지적할 수 있다.

한편 듀이는 유희론을 거론한다. 즉, 예술이 유희play라는 입장의 이론이다. 이는 몽상주의 예술 이론과 유사하다. 그러나 이것은 행위의 필요성을 인식함으로써 미적 경험의 행위성으로 나아가고 있다. 아이들의 놀이 속에서 개념과 행위의 일체가 이루어진다. 유희의 형식을 드러내고 있는 추이의 순서에 주의를 기울이지 않으면 이 이론의 장점과 단점이 간과될 것이다. 요컨대 듀이는 놀이가 아무렇게나 행해지는 것이 아니라는 데 주목한다. 경험의 성숙에 따라, 즉 아이가 커감에 따라 도달한 목표에 의해 행위들은 더욱 규칙화된다. 질서가 부여된 놀이는 게임이 된다. 목적은 일련의 행위들을 관통하는 견인줄의 역할을 한다. 유희론의 참된 가치는 심미적 경험의 자유로운 행위와 특징에 있으며, 반면 유희론의 오류는 미적 경험에 있어 객관적 소재들의 명확한 재구성이 수반되는 것을 인식하지 못하고 있다고 듀이는 지적한다.

진정한 의미에서 다른 경험들의 소재가 미적 경험에 가미된 방식이야말로 예술의 본성이다. 성질들과 가치들이 인류라는 집단의 경험에 공통적이게 되는 것은 언어와 상호 작용의 다른 수단에 의해서이다. 듀이는 이제 예술이야말로 현존하는 가장 효율적인 의사 전달 방식이라고 선언한다. 듀이의 이러한 예술관은 현대의 사회 철학에서의 소통이나 연대성을 위한 도구로서의 인식과도 모종의 연관을 갖는 것으로 보인다. 의식적인 경험 내의 공통적인 혹은 일반적인 요소들의 현존은 예술의 '효과'이다. 세상의 그 어떤 것도 잠재적으로는 공통적이다. 일반성이 고정된 사물의 존재에 의해 구성된다는 생각은 물리학, 생물학 등의 과학 발전에 의해 허물어지고 있다. 예술에서 표현의 매체는 객관적이지도 주관적이지도 않다. 매체는 주관과 객관이 병합됨으로써 더 이상 홀로 존재하지 않는 새로운 표현의 질료이다.

과거의 전형에 대한 답습은 진부하고 기계적이며, 새로움에 소극적이다. 새로움과 옛것의 상호 침투(예술 작품 내에서의 완전한 융합)는 예술에 의해 제기된 철학 사상에 대한 또다른 도전이다. 미적 경험의 결과로서, 자연 대상과 인간에 대한 이해와 심화된 분별력에 대한 이해에 의해, 철학자들은 예술을 인식의 한 양식으로 다루었으며, 예술가들은 예술을 다른 방식으로는 얻을 수 없는 사물의 내적 본성의 현시 양식으로 간주했다. 듀이는 이러한 이해를 통해 예술을 일상

생활만이 아니라 과학 그 자체보다 우수한 것으로 간주하게
된 것이다.

　듀이가 표명한 목적은, 다양한 예술 철학을 비평하는 것
이 아니라 예술이 가장 넓은 영역 내에서 철학을 위해 지니
는 중요성을 명료하게 하는 것이다.(A. E., 12장) 왜냐하면 철
학은 예술처럼 풍부한 상상력의 마음이라는 매체 안에서 운
동하며, 예술은 진정한 경험으로서의 경험이 존재함을 가장
직접적이고 완전하게 표명함으로써, 철학의 상상적 모험을
위해 독자적인 통제를 제공하기 때문이다. 듀이는 미적 경험
에서 완전한 진실이 실현된다고 생각하고 있다. 경험으로서
의 예술 가운데 자연은 주관적인 사물도 지니지 않으며 개별
적, 보편적, 감각적, 이성적 그 어느 것도 아니라는 사실 또한
진실이다. 그러므로 경험으로서의 예술이 가지는 의의는 철
학적인 사상의 모험과는 종류를 달리하며, 철학 사상에 대한
도전의 의미를 담고 있다.

(7) 예술 비평과 지각

　듀이의 예술론은 결국 비평 이론으로 귀결된다. 완성적 경
험 혹은 미적 경험을 여타의 경험과 구별하고자 하는 노력은
당연히 비평적 국면을 반영하는 것이기도 하다. 도구주의 자
체가 종국에 나타나는 대상의 가치를 도외시할 수 없는 입장
이기 때문이다. 이런 점에서 비평의 개념은 판단judgement이

다. 즉, 대상의 가치에 대한 판단이다. 관념적으로나 어원적으로도 판단이라는 것을 이해하는 것이 비평의 본질을 다루는 이론의 우선적인 조건이다. 판단이 대상의 어떤 물리적 자연에 대한 판단이든지, 정치 혹은 전기傳記에 관한 판단이든지 상관없이, 모든 판단에 그 재료들을 공급하는 것이 지각이다. 이 지각에 속해 행해지는 모든 판단을 구분시켜주는 유일한 단서가 지각의 중점 내용이다. 따라서 판단에 대한 중점 내용의 조정 여부가 열쇠가 된다. 미적 비평의 관건은 미적 대상의 지각이기 때문에, 자연이나 예술에 대한 비평은 지각의 성질에 의해 직접 결정된다. 이런 이유로 듀이는 예술 비평과 지각을 불가분의 관계로 다루고 있다.

지각 자체가 둔하면 학습이 아무리 광범위해도, 그리고 추상 이론이 아무리 정확하다 하더라도 이론적 조절을 통해 지각이 좋아질 수는 없다. 판단과 미적 지각의 관계가 금지될 수는 없다. 이론적으로 직접적인 미적 경험에서 판단의 내용으로 진행하는 것은 가능하다. 듀이는 여기에 근거를 밝히는 것이 필요하다고 역설한다. 왜냐하면 판단의 성질과 조화하기 어려운 차이들이 예술 비평 안에 반영되어 있는 한편, 예술 간의 다양한 경향들이 상반되는 이론을 낳음으로써, 이 이론들은 하나의 예술 운동을 옹호하고 다른 예술 운동을 배척하기 위하여 발전되고 주장되어왔기 때문이다. 이로써 다양한 논쟁들이 발생하며, 열기와 편견을 수반한다. 그 논쟁들은 추상적인 미 이론에 열심이기보다는 구체적인 예술 작품에 마음을 두고 행해진다. 그러나 그것들은 외적인 당파 운동들에서 나온 사상이나 목적으로 말미암아 비평 이론을 더욱 복잡하게 하고 있다. 그리하여 지각마저도 유효한 법칙을 염두에 두고 전례나 명성으로 차단된다는 것이다.

이에 듀이는 비평의 유형들을 분석하여 그 장단점을 제시하고 최종적인 미적 경험의 모습을 상기시키고자 한다. 이 점에서 듀이는 비평의 유형을 재단적 비평과 인상주의 비평의 유형으로 구분하여 거론하고 있다. 재단적 비평은 실체와 형식에 대한 어떤 대상의 내용을 설명하는 것을 과제로 삼기보다는 장점과 단점을 토대로 하여 대상을 상찬하거나 비난하는 것이다. 여러 가지 합법적 유형의 비평은 잠재의식적인 자아 상실감으로부터, 권위에 의지하여 보호를 구하는 데까지 진행된다. 유력한 규칙을 염두에 둠으로써, 그리고 전례나 명성이 직접적인 경험을 대신함으로써 본연의 지각은 저지당하고 단절된다. 권위 있는 지위에 대한 욕구로 마치 비평가가 주권을 가지는 정평 있는 원리에 대한 변호인인 것처럼 말하게 된다고 듀이는 지적한다.(A. E., 299)

이러한 재단적 비평은 새로운 통찰들을 배제한 채, 예술품의 제작 과정에서 모방적인 대상들을 권장하는 경향을 가진다. 거장들이 도대체 어떤 규칙들을 준수하기에 위대해질 수 있는지의 문제, 혹은 준수할 만한 규칙들이 거장의 실행으로 도출된 것인지의 문제에 확신이 없다는 것이다. 재단적 비평의 근본적인 오류는 그들이 개별적인 기술과 형식을 혼동하고, 생활의 새로운 유형, 즉 표현 유형을 요구하는 경험의 출현에 잘 대처하지 못하는 무기력함이라고 지적된다. 듀이는 이러한 모순과 관련하여 문화적 환경만이 아니라 가변적이고도 물리적인 환경은 역사의 발전에 따라 새로운 표현 형식들을 요구하게 마련이라고 역설한다.

한편 인상주의 비평은, 판단으로서의 비평은 불가능하다고 믿으며 아울러 비평가들은 산출된 감정과 심상의 반응들을 주목하는 데 관심을 두어야 한다고 믿는 입장이다. 이론에서 그러한 비평은 이미 형성된 규칙들과 선례들의 표준화된 '객관성'에서 벗어나 객관적인 조정 자체가 어려워지고 주관성의 무질서를 드러내게 된다는 것이다. 그리고 만약 논리적으로 끝까지 파헤쳐본다면, 그 비평은 부적절한 잡동사니로 귀결될 것이고, 때때로 실제로도 그렇다고 듀이는 강조한다.(A. E., 304) 요컨대 인상주의 비평은 주어진 순간에 예술 작품에 의해 우리에게 행해진 인상을 정의하지 않을 수 없으며, 예술가가 어떤 시각에 세계로부터 받은 인상을 스스로 기록한 것이 바로 작품이라고 믿는다.

듀이는 인상주의 비평의 허점은 판단의 문제에 어떠한 정보도 주지 않는다는 데 있다고 지적한다. 신뢰할 만한 객관성이 전제되지 않기 때문에 어떤 정보나 지식의 생산 자체가 시도된다 하더라도 설득력이 약할 것이 뻔하기 때문이다. 게다가 주어진 순간에 이루어지는 예술가의 인상을 해석하고 있다는 사실은 여러 가지 연관성들과 관계에 대한 관심이 결여되어 있음을 반증하는 것이다. 모든 경험은 어떤 '주어진 순간'에 존재한다. 그 의미와 타당성이 스쳐가는 순간의 것이라는 사실로부터의 추론은 모든 경험을 무의미한 사건들의 변화무쌍한 만화경으로 환원시키는 것이다.(A. E., 306) 듀이는, 인상주의 비평가들이 만약 스스로 경험하는 것과 같이 예술가도 인상들을 경험하고 있다고 믿는다면 그것은 실수라고 말한다. 왜냐하면 예술가가 지니는 인상은 인상들 자체만으로 구성되지 않고, 풍부한 상상적 통찰에 의해 주어진 객관적인 소재로 구성되기 때문이다. 물론 예술가의 중점 내용은 일상 세계와의 교류에서 발생하는 의미들로 충전되어 있기 때문이라 할 것이다.

재단적 비평가들과 인상주의 비평가들이 실패하는 결정적 원인은 '기준'이라는 용어를 그릇되게 사용한 데 있다고 듀이는 지적한다. 그들은 기준이 양적 척도와 관련되어 있다고 본다. 이러한 기준은 하나의 가치뿐 아니라, 하나의 기준에 의해 측정되는 사물들은 그 자체가 가치가 아니며, 기준들은 사물들을 질이 아니라 양으로 정의한다. 양을 측정할 수 있다는 것은 판단에 커다란 도움이 되지만, 그것 자체가 판단의 유형은 아니라는 것이 듀이의 생각이다.(A. E., 307) 예술의 주된 관심사는 질적인 것이어서 비교나 혹은 양적인 평가로 서의 규준의 관념을 배제시키는데, 합법적이고도 공적으로 강요된 측정의 양이 존재하지 않는다 하여 객관적인 비평이 불가능하다는 것은 비약이라고 듀이는 지적한다. 그에 따르 면 미학적 비평에서 나타나는 비평상의 오류는 크게 두 가지 로 정리된다. 즉, '환원'과 '범주들의 혼동'이 그것이다. 환원 은 대상을 어떤 근원으로 되돌린다는 것을 의미한다. 따라서 환원주의의 발전은 지나친 단순화로 치닫는다. 이러한 오류 는 예술 작품의 어떤 구성 요소가 고정되어, 전체가 이 고정 된 단일 요소의 관점으로 환원될 때 나타난다는 것이다. 이 가운데 정신분석학적 비평 역시 환원적이라는 점에서 경계 하고 있음이 주목된다. 역사적, 사회적, 정치적, 경제적, 정신 분석학적 요소들은 개별적으로 예술 작품의 다른 구성 성분 들과 관계되는 정도에서만 관련이 있다. 물론 듀이도 예술이 인간과 그 나머지 자연과의 상호 작용을 통해 발생하는 의미 들과 관련되어 있다는 사실은 타당하다고 인정한다. 그러나 비평은 요소들을 고립시킬 때 환원적인 것이 되고, 등장하는 수많은 요소들의 균형을 유지하지 못하게 되면 정보 전달의 가치가 없다. 환원주의는, 예술이 비평되는 순간부터 줄곧 의미하는 바가 무엇인가를 규정하고 있는 재단적 비평에 쉽 게 동화되고 만다.

다음으로 범주category의 오류에 관한 내용이다. 범주는 탐구를 조정하는 관념이다. 즉, 역사, 생리학, 전기, 심리학, 경제학 등과 같은 개개의 영역들은 그 고유의 문제들에 대한 탐구를 조정하는 자체의 주도적인 개념들을 지니고 있다. 그리고 예술 또한 그것의 주제를 탐구하는 그 고유의 관념들을 예술에 적용시키는 것은 범주의 혼동이 된다. 범주의 혼동은 가치의 혼동이 된다. 이는 비평가들이 미적인 것을 다른 종류의 경험 속으로 전이시키고 변형시키고자 하는 시도 속에서 자주 발견된다. 물론 가치들에 대한 이러한 혼동은 미적인 것을 단지 장식의 문제에 불과한 것처럼 가늠할 때 발생한다.

듀이에 따르면 결국 가치들의 혼동은 '매체의 고유한 의의를 무시하는 것'에서 발생한다. 예술의 외적인 문제들이 비평과 관련은 있겠지만 비평되는 것의 골격을 축출하지는 않아야 한다는 요지이다. 그가 비판하고 있는 지점은 적용된 매체의 기능, 즉 미적 효과의 성취인 것으로 나타난다. 따라서 듀이의 관념은 형식의 이해라는 문제에 진입하고 있는 것으로 보인다. 그러나 비평가의 역할은 의미들이 존재하게 되는 방식을 하나하나 분명하게 설명하는 것이지 의미들 그 자체를 판단하는 것은 아니라고 그는 분명히 선을 긋는다.

4.《경험으로서의 예술》이 갖는 오늘의 의의

앞에서 살펴본 바와 같이 듀이의《경험으로서의 예술》의 미학적 체계는 무엇보다 철학의 정점이자 완성으로서 제시된 것이다. 따라서 이 텍스트는 내용과 체계에서 대단히 정교한 짜임새와 풍부한 예화, 그리고 면밀한 개념 정리를 갖춘, 20세기 현대 미학의 대표적 저술 중의 하나이다. 물론 이 책은 철학적 전개의 하나이자 철학의 완성으로서 다루어진 것인 만큼 다소 어렵고 생소한 개념들을 포함하고 있다. 그것은 듀이만의 문제가 아니며, 정교하게 논리를 전개하고 구체적이고 합리적인 결론들을 도출해내기 위한 불가피한 선택으로 보인다. 그러나 그는 좀 더 구체적인 예화 속에서 개념이나 체계를 설명하고 있어 실용주의 미학의 타당성과 설득력을 보여주고 있다고 말할 수 있다.

듀이의 철학은 경험이라는 개념을 새롭게 체계화하고 정리함으로써 도구주의의 면모를 일신시켰다. 그는 인간이 하나의 유기체로서 환경에 적응해가는 모든 과정을 경험이라 했다.[19] 생명의 과정에서 개념, 지식, 사고, 이론 등은 유기체가 환경에 적응하기 위한 하나의 수단 혹은 도구라 간주했다. 예술을 경험으로 정의하고 동일화한 것도 결국은 이상의 요소들과 같은 범주의 것, 아니 그것을 넘어서는 완성의 것으로 본 것이다. 예술을 경험으로 간주한 것은 예술을 곧 도구로 본 것이며, 이는 전통 미학의 입장과는 여러모로 상반된다.[20] 경험이라는 매개에 의해 철학과 윤리학, 예술, 종교 등이 상호 작용하고 통합될 수 있는 통로를 마련해두고 있다는 것은 적지 않은 의미를 갖고 있다.

《경험으로서의 예술》에서 말하는 경험으로 돌아가야 할 예술은 결국 예술이 인간의 일상으로 복귀해야 함을 의미한다. 그래서 듀이의 미학은 언제나 우리의 현실과 지극히 소박한 생활로 돌아가 미와 예술을 바르게 이해할 수 있는 기초를 마련해준다. 또한 전통 미학들이 복잡하게 제시한 미학적 내용들을 대조하고 검토한다는 점에서 '미학에 대한 미학'의 성격을 갖기도 한다. 그리하여 듀이의 미학은, 그의 철학 전체가 그런 것처럼, 어떤 특정 사조나 학파를 목표로 대립하여 공격적이고 소모적인 논리의 남용에 빠지는 일이 없다. 오히려 듀이는 인간의 가치에서 출발하여 유연하고 합리적인 입장을 취해, 어떤 철학이나 미학의 개념, 학설에서 자유로운 취사선택을 할 뿐 특정 학설에 적대적인 논조를 취하지 않는다.

그의 텍스트들은 미국만이 아니라 여러 나라에서 다시 읽히고 있다. 사실 그의 철학은 이제야 빛을 보고 있는 것이다. 듀이의 철학이 만개된 당시에는 분석 철학이 맹위를 떨치고 있어 그의 영향력이 위축되었다. 그러나 이제 분석 철학의 영향력이 사라지면서 듀이가 새롭게 조명되고 읽히고 있다.

우리나라의 경우 교육학 분야만이 듀이에게 관심을 쏟아왔다. 교육학계가 미국 유학파들에 의해 주도되고 있었던 까닭에 교육학과 관련하여 듀이가 소개되고 있었기 때문이다. 그러나 지금 국제적인 지적 상황을 보면 분석 철학의 마법에서 깨어나 다시금 프래그머티즘으로 돌아가거나 혹은 그것에 관심을 갖기 시작하는 등의 움직임이 거세다. 특히 프래그머티즘은 명료성의 분석 철학과 다양한 관심의 대륙 철학과의 종합을 위한 가장 효과적인 체계를 지니고 있기 때문이다. 이러한 열기는 자연스럽게 듀이를 조회하게끔 한다. 왜냐하면 그는 프래그머티즘의 완성이자 결론이기 때문이다.

현대 예술의 상황에서 목적과 수단, 이론과 실천, 순수와 실용 등의 대립적 요소들이 주체와 세계의 상호 작용 안에서 통합되어야 한다는 명제는 거의 최근에야 볼 수 있는 것이 아닌가. 듀이의 《경험으로서의 예술》이 출판된 지 90년이 되어간다. 20세기 초라면 칸트의 무관심성이나 벌로E. Bullough의 심적 거리 등에서 온 이론적 전통이 맹위를 떨치고 있던 때이며, 칸딘스키Wassily Kandinsky 등의 추상주의가 세계 화단의 주류로 각광을 받고 있던 때이다. 모더니즘의 최면에 걸려 있는 상황에서 이단적인 것일 수도 있는 듀이의 예술론은 몇 가지 면에서 중요한 의미를 던져주었다.

첫째, 철학의 완성 혹은 그 미래에 대한 담론으로서, 과학과 기술의 고도화에 따른 세기말적 징후들 앞에서 우리 인류에게 가장 확실하게 기여할 수 있는 것은 바로 예술이라는 강력한 메시지를 담고 있다는 점이다. 그는 문명의 위기에 맞서 인류에게는 예술이라는 장치가 있다는 것을 강조한다. 이러한 입장은 니체가 그리스 문화의 원동력을 아폴론적으로만 해석하지 않고 세계를 미적 현상으로 보고자 한 디오니소스적인 정신을 강조한 것과도 맥락을 같이한다. 이러한 니체적 입장은 네오프래그머티즘 철학자 로티에게서 더욱 적극적으로 나타나며, 그는 문예를 하나의 대안으로 강조하고 있다.

둘째, 듀이의 예술 개념은 예술 그 자체를 습관적으로 편협하게 한정해온 데서 벗어나 우리의 일상 영역과 자연의 영역으로 환원되고 확장된 개념으로 유도하고 있다는 점이다. 현대 예술의 아방가르드에서 일상적인 요소까지도 예술의 문맥으로 도입하고자 한 시도는 자연스럽게 듀이의 실천이 된다. 물론 그는 경험의 완성이라는 잣대를 적용하여 그 시도의 성취 여부를 가늠하겠지만 말이다. '순수'라는 도그마에 사로잡혀 있는 오늘의 예술에 분명히 새로운 예술 개념과 질서를 재정립해야 한다는 것을 그는 정중하게 권하고 있다.

셋째, 현대 예술에서 고착된 장르 간의 위계를 철거하고 수평적 관계를 재확립할 필요를 시사하고 있다는 점이다. 특히 순수 예술과 실용 예술 간의 구분은 계몽 시대의 유산에서 비롯된 것이 위계로 고착되고 심지어 우열의 잣대로 통용되고 있는 실정이다. 《경험과 자연》 9장에서 듀이는 "응용과 순수라는 형용사가 '예술'의 접두어로 사용될 때 예술의 본 래적 의미는 타락하고 파괴된다"라고 지적한 바 있다. 예술이 일상을 원천으로 해야 한다는 입장은 실용 예술 영역과의 유기적 통합을 당면 과제로 선결해야 할 것을 암시한다.

넷째, 예술의 도구적 가치가 인간의 가치를 고양시키는 이상과 교육적 활용의 측면에서 존중될 수 있다는 점이다. 여기서 좁은 의미의 예술 교육이 아니라 교육적 예술로서의 성립 가능성이 확인된다. 듀이의 교육학은 경험 자체를 근간으로 한다. 이 점에서 교육학과 미학은 밀접한 관계를 가진다. 그에게 교육이란 경험의 전달이다. 철학이 미학과 긴밀한 관련을 갖고 있듯이, 교육학은 교육 일반 이론으로 간주될 수도 있다. 이런 점에서 교육학과 미학은 서로 가역성을 가진다고 말할 수 있다.

한편, 듀이의 텍스트에서 그의 일관된 역사관이 두드러진 바는 없지만, 그의 이 저작은 역사적 가치를 지닌다. 칸트의 《판단력 비판》이 당대의 패러다임을 충실하게 담고 있었다면, 듀이는 우리 시대의 패러다임을 빈틈 없이 반영하고 있다. 그의 탁월한 역사적 통찰은 선견지명 있는 예술 이론을 형성할 수 있게 한 원동력이었을 것이다. 많은 사람들이 예술의 위기를 말한다. 하지만 듀이에게 귀를 기울이면 인간의 삶이 영위되는 한 예술은 영원할 것이라는 암시를 받을 것이다. 물론 오늘날 우리에게 익숙한 미술관이나 화랑에 있는 그런 부류의 예술의 존속만을 말하는 것은 결코 아니다.

1 (옮긴이주) 이것은 원작이 가지는 일품성 혹은 유일성에 의한 독
특한 분위기를 의미하는 벤야민Walter Benjamin의 개념과 관련하여
해석할 수 있다.《복제기술의 시대에서의 예술 작품*Das Kunstwerk im
Zeitalter seiner technischen Reproduzierbarkeit*》(1936) 참조.

2 (옮긴이주) 고급스러운 교양을 지닌 사람들을 가리킨다.

3 (옮긴이주) 마이케나스Giaus Maecenas는 기원전 1세기의 로마 정치
인으로, 옥타비아누스를 도와 문예를 보호하고 장려한 사람이다.
오늘날의 메세나 운동의 시조가 된다.

4 (옮긴이주) 산티야나George Santayana는 스페인 태생의 미국 철학자
이자 시인, 인문주의자로, 미학·사변철학·문학비평 분야에 중요한
공헌을 했다.

5 (저자주) "여기 낯익은 꽃들, 기억에 선한 새의 울음소리, 변덕스러
운 광채의 하늘, 고랑이 지고 풀이 우거진 들판, 각각이 들쭉날쭉
한 울타리에 의해 생긴 독특한 분위기의 이 사물들은 우리 상상력
의 모국어이다. 그 언어는 순식간에 지나가는 유년 시절의 모든 미
묘하게 뒤얽힌 연상들로 가득 찬 것이다. 오늘날 무성한 풀밭에 비
치는 햇살 속에서 우리가 느끼는 기쁨은, 아직 우리 안에서 살아 있
고 우리의 지각을 사랑으로 바꾸는 아득한 옛날의 햇살이나 풀밭

의 기억이 아니라면, 지친 정신이 간신히 느끼는 정도에 지나지 않을 것이다." 조지 엘리엇George Eliot, 〈플로스의 방앗간The Mill on the Floss〉.

6 (저자주) 일월성신, 지구와 지구의 내용물들을 이보다 더 위대한 사물들, 즉 영묘한 사물들——조물주 스스로 만든 것보다 더 위대한 사물들——을 형성하는 소재로서 간주할지도 모른다. 존 키츠John Keats.

7 (저자주) 나는 이러한 입장을《경험과 자연Experience and Nature》, 제9장 〈경험, 자연, 예술〉에서 서술했다. 당면한 문제에 관련하여 말하자면, 결론은 다음 진술에 포함되어 있다. "예술이란 직접 향유된 의미가 응축돼 있는 활동으로, 자연의 극치이다. 과학은 자연의 사건을 행복한 결과로 유도하는 시녀이다."(358쪽)

8 (옮긴이주) 키츠John Keats의 〈그리스 항아리에 부치는 송가Ode on a Grecian Urn〉.

9 (옮긴이주) 키츠의 〈그리스 항아리에 부치는 송가〉.

10 (옮긴이주) 미적 영역에서의 체험, 향유, 판단의 주관적 능력을 말한다.

11 (옮긴이주) 사전트John Singer Sargent는 이탈리아 피렌체에서 태어나 주로 보스턴과 런던에서 활동한 미국인 화가. 모네의 절친한 친구로 풍경 수채화에 뛰어났을 뿐만 아니라 명사들의 초상화도 많이 그렸다.

12 듀이 학교는 듀이가 자신의 교육 이론을 실험하기 위하여 1896년 시카고 대학에 개설한 실험학교이다. 설립 목적은 학교 행정, 교과 선택, 교수법, 훈육 등에 있어서 학교가 어떻게 하면 학생들이 각자의 능력을 발달시키고 욕구를 충족시켜가면서 공동 사회를 이룩하게 할 수 있을 것인가를 발견하는 데 있었으며, 이 학교는 진보주의

교육의 진지한 실험장이 되었다. 생활 자체가 교육의 근본 경험을 갖추어야 하며, 학습은 사회적 활동의 부산물이고, 학습의 검증은 사려 있는 행위라는 시각, 새로운 사회 상황에 대응할 수 있는 개인 능력을 키운다는 교육 목적과 방식은 전 세계적으로 큰 영향을 미쳤다.

13 이러한 입장에 선 대표적인 학자가 시어러E. A. Shearer이다. "Dewey's Aesthetic Theory", *Journal of Philosophy*, Vol. 32(1935).

14 이러한 입장에서는 젤트너P. M. Zeltner, 모리스Bertram Morris 같은 학자들이 주목된다.

15 Bertram Morris, "Dewey's Theory of Art", *Guide to The Works of John Dewey*, (ed.) Jo Ann Boydston(Carbondale, Illinois: Southern Illinois Univ. Press, 1970), 162쪽.

16 John Dewey, *Philosophy and Civilization*(New York: Minton, Balch and Company, 1931), 12쪽.

17 Richard Shusterman, *Pragmatist Aesthetics: Living Beauty*, Rethinking Art(Blackwell Publisher, Inc., 1992), 6쪽.

18 John Dewey, *Art as Experience*(New York: G. P. Putnam's sons, 1958, First Published in 1934), 113쪽. 이하 A. E.로 표기한다.

19 John Dewey, *Experience and Nature*, revised ed.(New York: W. W. Norton & Company, Inc., 1929), 4a쪽.

20 물론 듀이가 수단, 혹은 도구만을 중시하고 있는 것이 아니라 목적과의 통합을 강조하고 있다는 사실은 앞서 이 책 해제 3절 가운데 '인간적 기여와 철학에 대한 도전'에서 언급한 바 있다.

더 읽어야 할 자료들

우리나라에서 존 듀이에 관한 연구는 주로 교육학을 중심으로 이루어져왔다. 교육학계에서도 듀이에 대한 편견이 지독했던 것으로 기억되지만, 그래도 듀이와 관련된 역서나 저서들은 교육학 분야에서 비교적 많이 나왔고, 철학이나 미학에서는 이상할 정도로 부족했다. 그러나 최근 들어 프래그머티즘 철학에 대한 관심이 높아지기 시작하면서 프래그머티즘 철학서뿐만 아니라 다양한 학문에 대한 이해를 돕는 프래그머티즘 관련 저작들이 번역·저술되고 있다.

존 듀이, 《경험과 자연》, 신득렬 옮김(계명대학교 출판부, 1982)
듀이의 《경험으로서의 예술》의 철학적 체계는 독립해 있는 것이 아니라 다른 저작들과 의존적으로 긴밀하게 연관되어 있다. 그중에서도 《경험으로서의 예술》에 가장 깊이 있는 형이상학적 단초를 제공하는 것이 《경험과 자연》이다. 인간은 피할 수 없는 환경인 자연 속에서 어떤 생존과 번영의 수단들을 모색하게 되는데, 그 핵심적 역할이 바로 경험이며, 인간이 환경과 상호 작용을 할 때 일반 유기체와 다른 것은 생물학적 범주를 넘어 사회적, 문화적 범주를 갖는다는 점이라고 듀이는 말한다. 경험이 자연과 바로 결합할 때 인간은 비로소 문화라는 것을 창출하게 된다는 것이다. 이러한 관점에서 듀이는 당연히 예술의 문제가 대두된다고 생각했으며, 예술의 문제에 진입했을 때 비로소 철학의 완성이 가능할 것이라는 예견을 하고 있다.

리처드 슈스터만, 《프래그마티스트 미학》, 김광명·김진엽 옮김(예전사, 2002)

프래그머티즘 미학자인 슈스터만의 프래그머티즘 미학에 대한 기술이 현대 철학사 속에서 다른 철학적 전통과의 비교를 통해 상당히 다각적으로 설득력 있게 전개되고 있다. 특히 슈스터만은 분석 철학과 대륙의 새로운 사조들 간의 종합으로서의 프래그머티즘이 가진 특징들에 역점을 두고 있다. 그는 프래그머티즘의 기술에서 상당 부분을 듀이에게 의존하는 가운데 핵심적인 개념들을 분석, 정리하여 오늘의 시대 상황과 예술 상황을 해석할 수 있는 미학적 체계를 정립한다. 특히, 대중 예술의 문제에 접근하여 그 가능성을 프래그머티즘적 입장에서 모색하고 있는 시론이 프래그머티즘의 또 다른 실천으로 확인된다.

김태길, 《존 듀이의 사회철학》(명문당, 1990)

이 책은 미학 저작은 아니다. 그러나 듀이가 현실 세계, 그것도 미국이라는 국가의 이익의 문제를 넘어선 보편적 현실에 입각하여 인간의 문제를 심도 있게 다루고 있다는 점을 조명함으로써, 결국 미학적인 관심사와 직결되는 진단을 하고 있다. 듀이의 난해한 원문을 상당히 쉽게 설명하고 있다는 점에서 돋보인다.

루이스 메난드 엮음, 《프래그머티즘의 길잡이》, 김동식·박우석·이유선 옮김(철학과현실사, 2001)

프래그머티즘 철학자들의 논문을 발췌 수록한 편저이다. 대표적인 프래그머티즘 철학자인 퍼스, 제임스, 홈스Oliver Wendell Holmes, 듀이, 애덤스 Jane Addams, 미드George Herbert Mead의 논문들을 수록하고 로티, 퍼트넘

Hilarly Putnams, 번스타인 등의 최근 논문을 함께 포함시켜 오늘의 프래그머티즘 담론과 이론적 연구 방향들을 가늠하는 데 도움이 되는 책이다. 특히 각 프래그머티즘 철학자들 간의 입장 차이를 그들의 저술 속에서 직접 확인할 수 있다는 점에서 의미가 있다.

P. M. 젤트너, 《존 듀이 미학 입문》, 정순복 옮김(예전사, 1996)

듀이의 미학에서 미적 경험의 본질을 규명하는 것이 이 책의 핵심이다. 젤트너는 미적인 것 혹은 예술적인 것에 대한 듀이의 정의를 집요하게 정리하고, 미학의 개념들에서 도구주의의 정수들을 추출하여 기술하고 있다. 이 책은 특히 《경험으로서의 예술》이 듀이의 철학에서 어떤 의미를 가지는지를 폭넓게 고찰하고, 아울러 경험에 대해 한층 폭넓게 고찰하고 있다는 점에서 좋은 안내서가 될 것이다.

R. J. 번스타인, 《존 듀이 철학 입문》, 정순복 옮김(예전사, 1995)

존 듀이의 철학 전반을 가장 객관적이고도 쉽게 소개한 책으로, 듀이 철학의 핵심 개념과 체계를 압축하여 기술하고 있다. 특히 가장 핵심적인 경험의 본질과 유형에 대한 분석에서 시작하여, 자연, 성질, 탐구, 과학, 공동체, 예술 등의 문제에 대해 듀이가 설명한 바를 일목요연하게 정리하고 있다. 듀이의 많은 저술들이 난해하게 전개된다는 것은 널리 알려진 사실인데, 번스타인은 비교적 쉽고 명료한 정리로 듀이의 이해를 돕고 있다.

R. S. 피터스, 《존 듀이의 재고찰》, 박영환 옮김(성원사, 1986)

비교적 교육학에 중점을 둔 편저로, 탐구, 언어, 흥미 등의 개념에서 경험의 역할 문제를 다룬 논문들을 수록했다. 저자들의 간결한 문체와 기술이 듀이 사상의 내용을 잘 전해준다.

이재언 jean0011@naver.com

이재언은 1958년에 태어나 속초고등학교, 강원대학교 미술교육과를 졸업
했고, 홍익대학교 대학원 미학과에서 석·박사 과정을 수료했다. 석사 과정
때부터 영미 미학과 비평 이론에 관심을 많이 가져, 미국의 먼로 비어즐리
Monroe C. Beardsley의 메타크리티시즘meta-criticism에 관한 석사 학위 논문을
썼으며, 박사 과정에서는 존 듀이에 관심을 갖고 연구하고 있다.

1987년 석사 과정을 마친 후, 1989년 한국 미술평론가 협회에 가입하여 총
무 및 학술분과 위원장 등을 거치며 미술평론가로 활동을 시작하게 되었다.
회화를 비롯한 모든 장르에 두루 관심을 가졌지만 주된 비평적 관심은 예
술의 장르적 구별을 야기하는 변별성의 문제에 있었으며, 이를 주제로 여러
매체에 글을 썼다. 순수와 실용이라는 구분적 수식은 가치의 문제가 아니라
기술적인 차원에 불과한 것임에도 불구하고 그것이 모종의 억압으로 작용
하는 근대주의의 관행을 해부하는 데 많은 노력을 기울였다. 그가 존 듀이
를 만나게 된 것도 바로 이런 관심이 동기가 되어서였다.

이 밖에 그는 예술 현장에서의 기획이나 경영에도 관심을 갖고 있어, 동아
그룹의 동아갤러리 기획실장을 거쳐 현재 인천아트플랫폼 관장으로 재직
중이다. 또한 1992년부터 한국미학 예술학회의 임원을 맡아 활동해왔으며,
《미학사전》(미진사, 1990)의 공동 번역에 참여했다.

앞으로 프래그머티즘에 있어서의 미적 가치론 연구, 예술의 이상과 세속성
혹은 상업주의 간의 교환 가능성에 대한 연구에 역점을 두고자 한다.

경험으로서의 예술

초판 1쇄 발행 2003년 1월 30일
개정 1판 1쇄 발행 2013년 3월 15일
개정 2판 1쇄 발행 2020년 11월 18일
개정 2판 4쇄 발행 2023년 12월 22일

지은이 존 듀이
옮긴이 이재언

펴낸이 김준성
펴낸곳 책세상
등록 1975년 5월 21일 제2017-000226호
주소 서울시 마포구 동교로 23길 27, 3층(03992)
전화 02-704-1251
팩스 02-719-1258
이메일 editor@chaeksesang.com
광고·제휴 문의 creator@chaeksesang.com
홈페이지 chaeksesang.com
페이스북 /chaeksesang   **트위터** @chaeksesang
인스타그램 @chaeksesang   **네이버포스트** bkworldpub

ISBN 979-11-5931-552-7 04080
        979-11-5931-221-2 (세트)